U1011882

中考热点作家

深度还原考场真题，感受语文阅读题的魅力
一书在手，阅读写作都不愁

从时光里归来

秦　岭／著

中国出版集团有限公司
世界图书出版公司
上海　西安　北京　广州

图书在版编目（CIP）数据

从时光里归来 / 秦岭著 . — 上海 : 上海世界图书出版公司 , 2024.4
（中考热点作家 / 李继勇主编）
ISBN 978-7-5232-1098-7

Ⅰ . ①从… Ⅱ . ①秦… Ⅲ . ①阅读课—中学—教学参考资料 Ⅳ . ① G634.333

中国国家版本馆 CIP 数据核字（2024）第 043846 号

书　　名　从时光里归来
　　　　　Cong Shiguang Li Guilai
著　　者　秦　岭
责任编辑　杨　妮
出版发行　上海世界图书出版公司
地　　址　上海市广中路 88 号 9-10 楼
邮　　编　200083
网　　址　http://www.wpcsh.com
经　　销　新华书店
印　　刷　天津市天玺印务有限公司
开　　本　700mm × 1000mm　1/16
印　　张　14
字　　数　174 千字
版　　次　2024 年 4 月第 1 版　　2024 年 4 月第 1 次印刷
书　　号　ISBN 978-7-5232-1098-7/G · 880
定　　价　39.80 元

版权所有　翻印必究
如发现印装质量问题，请与印刷厂联系
（质检科电话：022-82638777）

前　言

随着语文考试内容的改革，阅读的重要性逐渐凸显出来。近年来阅读题的比重在中考考试中不断加大，阅读内容也越来越丰富，天文、地理、历史、科技等均有涉及；同时，体裁呈现多样化，涵盖散文、戏剧、小说、新闻等。文章涵盖面越来越广，意味着对学生阅读能力的要求越来越高。所以我们应该清晰地认识到，阅读能力的高低直接影响分数，如果阅读能力不过关，那么考试成绩肯定不会理想。

“读不懂的文章，做不完的题”一直是中学生面临的难点和困境。这就要求学生不能停留在过去的刷刷考卷、做做练习题，或是阅读一两本课外书的阶段，而是要最大限度地提升阅读能力，理解文章作者和出题人的意图，只有让学生进行大量有针对性的阅读，才是最切实有效的方法。

语文知识体系的构建和语文素质的养成，既需要重视课堂学习，又需要重视课外积累。那课外积累应该怎么做呢？高质量的课外阅读是非常有效的，这已经成为提升学生“综合竞争力”的有效手段。因此，我们策划出版了“中考热点作家”课外阅读丛书，为广大中学生提供优质的课外读物。

这套系列丛书共 10 册，每册收录一位作者的作品，选取了该作者入选省级以上中考语文试卷、模拟卷阅读题的经典作品，以及该作者未入选但适合中学生阅读的作品，帮助学生扩大阅读面，对标中考。书中对每篇文章进行了赏析、点评和设题，能够助力学生阅读，有利于提升学生的文学素养、答题能力和答题速度。

本系列丛书收集了在国内中考语文试卷阅读题中经常出现的10位“热点作家”杜卫东、蒋建伟、刘成章、彭程、秦岭、沈俊峰、王若冰、杨文丰、张庆和、张行健的优秀作品。这些“热点作家”入选中考语文试卷阅读题的作品多以散文为主，他们的作品风格多样，内容丰富，但都具有很高的文学价值和浓郁的时代气息。这些作品不仅对中学生阅读鉴赏能力和写作水平的提升有促进作用，还对中学生的生活和学习具有启迪和指导意义，我们相信这套丛书会受到广大师生的喜爱和欢迎。

新中考背景下的语文学习，阅读要放在首要位置。事实上，今后的中考所有学科都会体现对语文水平的考查。不仅是语文试卷增加了阅读题的分量，其他学科也越来越注重对学生阅读理解能力的考查。提升阅读能力是一项任重道远的工作，重在培养兴趣，难在积累，贵在坚持。只要持之以恒，一定会有意想不到的收获。

目录

CONTENTS

第一辑　风物浅吟

第二辑　故乡韵律

第三辑　妙趣山水

▶作家带你练

▶名师带你读

第四辑　人文回眸

▶作家带你练

▶名师带你读

第一辑 风物浅吟

中国大小城市万千，伴随着斗转星移中的社会变革和改朝换代，可谓“城头变幻大王旗”，一些古老的城市销声匿迹，底气顿失；一些新兴的城市破壳而出，底气渐生。

作家带你练

【2018 年山东省日照市中考】

阅读下面的文章，完成 1—4 题。（17 分）

云端上的村庄

①天，拎着村庄；村，踩着云端；云，罩着崖顶。

②站在大渡河畔，我东张西望，唯见白云悠悠，不见一脊一瓦。我在想：那高高的云端之上，真的会是胜利村人的故乡吗？

③当地文友问我："你在找什么？"

④"云端上的村庄。"

⑤"其实，所谓'云端上的村庄'，听着充满诗情画意，说穿了那是典型的'悬崖村'，咱这一带有很多。至于胜利村旧址，如果不是特别好的天气，肉眼是看不到的。"

⑥初闻"云端上的村庄"，应该与早先媒体曾经报道过的凉山彝族自治州昭觉县阿土勒尔村有关，记得当时我正在家中看电视，荧屏上惊现这样的画面：村子在云端若隐若现，峭壁上凌空垂挂着长长的藤梯，崖畔上镂刻着窄窄的石阶，几十名放学回家的小学生，像一长串贴在悬崖上的壁虎，手脚并用，一寸寸、一点点往上蹭，蹭，

蹭……可这次到了大渡河金口大峡谷，我才知道当年的胜利村比阿土勒尔村有过之而无不及。云端里的胜利村，海拔高达一千六百米。当地人说：“人掉下去，就像从天上掉下去一样，不沾一根草。”

⑦“蜀道难，难于上青天。”那一刻，我真正懂了李白。

⑧“老鹰茶，茶老鹰，香飘万里留客人……”

⑨风中，隐隐约约传来山歌声，如丝似缕，优美婉转，这应是从胜利村新址传来的吧。靠近村口，迎面矗立着一块高大的石碑，上刻“道林子峡谷第一村”八个大字。朋友曾提醒我，他二十年前和朋友不远千里下川西，曾攀爬过好几个“云端上的村庄”，从谷底到村庄，来回平均至少三天时间。很多乡民与世隔绝，见到他们这些不速之客，目光里充满了戒备和疑惑。

⑩绕过大石碑，一条开阔整洁、弧度如虹的主街道扑面而来，两旁是几十幢鳞次栉比、错落有致的川西特色风貌建筑群：民居、超市、宾馆、文体活动中心……白墙青瓦，廊檐飞翘，阁楼竞秀，古朴中洋溢着时尚，雄浑中饱含着风情。小巷时见小桥流水，门口多有桂树浓荫，院内常常鸡犬相闻。各种石砌、木搭的花圃、围墙，玲珑雅致，风格迥异。三三两两的村民有的在聊天，有的在下棋，有的主动和我打招呼，表情善良友好。

⑪街道中央的文化广场上，三位美丽的彝家姑娘，身穿崭新、漂亮的彝家服饰，正在介绍这里的老鹰茶：“先生，喝杯老鹰茶吧。”

⑫我问：“一杯多少钱？”

⑬“咱自产的，不要钱，只要你们外边人常来做客就行。”

⑭其中一个姑娘告诉我，她们几位并非云端上下来的移民，但她们所在的公司认准了胜利村得天独厚的旅游前景和发展商机，专门在这里开发老鹰茶。云端上的环境适宜种植老鹰茶。如今人下了云端，茶却上了云端，种植面积扩大，行销省内外。三位姑娘手拉手，

唱起了《远方的客人请你留下来》："路旁的花儿正在开，树上果儿等人摘，远方的客人请你留下来……"

⑮不用问，进村之前听到的山歌，一定是这三位姑娘唱的了。我尝了一口老鹰茶，果然别有风味。

⑯蓦然回首，这才发现身后矗立着一个巨大的石雕，内容展示的是当年胜利村人背着背篼在云端上艰难攀登的画面。正面题有四个大字：云端移民。石雕背面，镂刻一行小字：这里的人们来自悬崖绝壁的云端之上。

⑰一位七十多岁的老大爷正在给游客讲云端上的故事："我们来自云端，来云端之前，湖广是我们的家乡……"

⑱我再次把目光投向云端。

（选自 2018 年 4 月 28 日《人民日报》12 版，有删改）

1. 胜利村人有怎样的特点？请简要概括。（3 分）

____

____

2. 根据提示，赏析文中画线的句子。（6 分）

（1）天，拎着村庄；村，踩着云端；云，罩着崖顶。（从修辞角度）

____

____

（2）几十名放学回家的小学生，像一长串贴在悬崖上的壁虎，手脚并用，一寸寸、一点点往上蹭，蹭，蹭……（从描写角度）

____

____

3. 第段运用了哪种叙述方式？简要分析本段在全文中的作用。（4分）

4. 文末“我再次把目光投向云端”语意丰富，结合文本谈谈你的理解。（4分）

名师带你读

观海庐

名师导读

秦岭是最懂中国农民的名家之一，他的笔下是活灵活现的风土人情，每每读到秦岭的作品，总不免开始记挂起家中的亲人、故土以及童年时期的玩伴，可转眼间都飞逝远去。古有柳永观海潮的词，今有秦岭观海庐的散文，让我们一起去看看观海带来的所思所想。

高高的观海庐，如今以独立书斋的名义，隆起了我日子的半壁河山。

楼下的海河，当然是和大海骨头连着筋的，据说几十年前海河尚具通航功能时，层层海浪沿海河西进，上游的杨柳青人用镰刀即可收割鱼虾。万千游轮从观海庐附近起锚，在下游的塘沽那里一个转身，十天半月就可抵达日本、新加坡或旧金山。① “结庐在人境”。观海庐也算闹中取静，但古人未必只说给我听的，因为此庐非彼庐，我也只是个我。

自幼，无端地向往城堡的神秘性，如今它果然成为观海庐所在高楼的名号。城堡圆体，尖顶，凸显了原意大利租界区哥特式建筑文化元素。那岁月如歌的模样，仿佛正经历一场中西合璧的百年透雨，而一脚跨进观海庐，时光和心情一起雨过天晴。② 凭窗，轻挽丝帘，便掀开了中国近代史的扉页，海河的波光可谓字字珠玑，写满了对岸津门故里和原九国租界区的低吟浅唱。也是巧了，城堡左侧是当年袁世凯、冯国璋的宅邸，右侧是李叔同的旧居，后侧是梁启超的饮冰室，而偏前方的原奥匈帝国领事馆，总让我想到当年巴伐利亚的女儿——茜茜公主。只是，与这样的邻居前后左右为伴，我读书的滋味除了莫可名状的温馨与自嘲，也难免多了几分悲壮和茫然。徜徉海河畔，回眸观海庐，③ 有时就想：当年这里的主人，是否也是另一个我呢？

日子，像是编入程序了的。下班，进城堡，登观海庐，至晚，这才挎上帆布小包，一路步行回家，而白天发酵的万般思绪，悉数在月色中散去。

十年前，是文学评论家王彬先生为书斋取了观海庐这个雅号，书法家郭景兴前辈还题写了苍劲有力的匾名。时过经年，我未能制匾悬门，倒不是因为这样的雅号来得突然，而是叩问自己太多。纵然观海，究竟何为？某次，王彬先生曰：“为何不悬匾于门？”

❶ 引用东晋诗人陶渊明的诗句，丰富了文章的内容，很好地与下文中观海庐的静相互呼应，选用这句来引用，十分恰当，能很好地与文章融为一体，不会突兀。

❷ 此处作者用低吟浅唱四个字来表达自己内心的悲愤之情，近代史的扉页随着九国租界和津门故里的被侵占慢慢展开来，这里的海河见证着历史的变换。

❸ 作者运用心理描写手法，写出了那时那刻面对这浩浩荡荡的海河和历史的沧桑时自己内心的所思所想，写出了作者复杂而悲壮的心理，不免回望曾经的观海庐主人会不会也有同感。

我只好说："这个问题太古老，我辈不知如何作答啊！"

《汉书》云："余二十亩，以为庐舍"。其实只有八十多平方米的观海庐更像一个雅居，厅、卧、厨、厕一应俱全。它和我家中书房的区别是：①后者只用来读书、藏书，前者主要用来写作和会客。书斋是需要书的，但有资格进入观海庐的书只有两类，一类是我自己出版的图书和发表文章的报刊，另一类是各界艺术家的赠书和每天不得不翻一翻的图书。我喜好书画，但在观海庐，只悬挂自己的涂鸦之作，婉拒方家墨宝登堂。一进门，迎面屏风上悬挂的便是我自己创作的国画《马》。这幅画作，当年中国作协曾印制成贺年卡，分享万千人家。

这是新媒体时代，但我并没有在观海庐安装宽带，也没有给电视机配设机顶盒。纵然也算②"谈笑有鸿儒，往来无白丁"，但茶几上的那块小牌子雷打不动，上书：来客超过五分钟者，请主动告辞。

有学者来访，凭窗远眺，突然感叹："在水一方啊！"

一句话，让我心中怦然一动。学者回眸墙上的挂钟，拱手告辞。我欲挽留，学者决然步出观海庐。我只好送其出城堡，独返，还未落座，又闻敲门声，却是学者复来，开口称："下一个五分钟，开始了。"

常常把自己关在这里，要说纯粹为了写作，难免心虚。有时候，只是为了自做自品几碗老家的浆水面、洋芋烩豆腐、馓饭啥的。幸而夫人、儿子对我老家的吃食兴致不大，倒乐得我独自把锅碗瓢盆弄得③山呼

❶ 运用对比的修辞手法，作者将自己家中的书房和观海庐从功能上进行了对比，自己家中的书房仅仅是用来读书和藏书，而观海庐却是用来写作和会客，能够看出观海庐的重要性。

❷ 引用诗文，作者在这里引用了刘禹锡《陋室铭》中的名句，与前文里写到的观海庐的作用是写作和会客，而这句诗很好地凸显了观海庐作为会客场所的功能。

❸ 山呼海啸这个成语用在这里能看出作者对老家吃食和老家风味的想念，从这个成语能看出作者在制作老家美食时是享受的，也能看出作者的思乡之情。

海啸，西部的山东部的海，让我一锅烩成了三不像，但吃嘛嘛香。也有时，沙发上一躺，在万里无云的寂寞中半醒半睡，闲置的时光在烟头上明明灭灭，伴我梦游八方。那一刻，感觉身处某个靠近大自然的郊外，或者，一片异国他乡迷人的旷野。尽管观海庐并非“苔痕上阶绿，草色入帘青”，但书案对面影视墙下长长的台面上，①散散乱乱地摆满了石头、贝壳、羽毛、秸秆、树枝以及壁虎、蝴蝶标本啥的，它们貌不惊人，却各有来路，多从旅途中信手捡得。比如那些大如拳头、小如杏子的石头，停泊着我在巴黎、首尔、台湾、澳门、甘肃、云南等地的某条小河边、山坡上或高山之巅的遥远记忆。因为实在太普通，它们千年万年素不相识，千里万里不曾一见，如今，它们可以在观海庐耳鬓厮磨了。偶尔，我把目光从书本中收回，不忘和它们相视一笑，那笑，似乎莫名其妙，实则有名其妙。

②有人想带走一枚羽毛。我冷脸曰：“不可以。”

“假如我把造访当成一次旅行，在观海庐信手捡一枚呢？”

“那你得拿得起，放得下。”

有时倦怠来袭，我轻轻在文尾落上“某年某月某日于天津观海庐”，便会捧起那两个大海螺，一左一右捂在耳边，登时，海啸般的“嗡嗡”声会漫上心头，观海庐便是天涯海角了。不由想起当年鼓浪屿那位渔家老婆婆说过的话：“带走它，大海就是你的。”如今，③这对海螺已伴我十年。海螺还是海螺，而我，鬓角多了一抹风霜。

❶ 细节描写，作者把自己从旅途中随手捡起的石头、贝壳、羽毛等一系列的物品全都罗列出来，这一细节说明作者的人生经历非常丰富，而观海庐就仿佛是一个情感寄托地，保存着人生珍贵的经历。

❷ 神态描写，冷脸两个字形象生动地写出了作者当时的神情，利落干脆的三个字“不可以”直接写出了作者拒绝的态度，对于其他人来说可能只是一件物品，但对于作者却是一段珍贵的回忆。

❸ 运用对比的写法，把十年后的海螺和“我”的变化进行了对比，海螺还是海螺，而“我”却是双鬓斑白，充分地说明物是人非和时光流逝之快。

也曾想，假如在观海庐遍植点、横、竖、撇、捺般的青青芳草，一定也会山花烂漫吧。

陶渊明云：“吾亦爱吾庐。”翻译过来，也算我说的了。

延伸思考

1. 文章中写到作者常常把自己关在观海庐，不是纯粹为了写作，而是为了品尝自己做的浆水面、洋芋烩豆腐等，能表达作者什么样的思想感情？

____

____

2. 处在新媒体快速发展的时代，为什么作者不愿意在观海庐装上宽带？

____

____

旗　袍

名师导读

徜徉在民国的时光里，最让人留念的是什么？不得不说，旗袍是一个时代的印记，戴望舒在《雨巷》中写到了一位撑着油纸伞的姑娘，虽只字未提旗袍，但是不免让人联想到那位姑娘一定是身着旗袍，在作者的眼里，旗袍又代表着什么呢？

如若说，旗袍是女人的梦，那么，①旗袍是男人的什么？

❶ 通过疑问的语气来引出下文中对旗袍的论述，通过旗袍对男人和女人的不同意义来记录这段尘封已久的记忆，通过疑问能引发读者的思考。

邂逅旗袍，竟是在西部老家。少年时偷攀一位亲戚家堆放杂物的阁楼，在诸多劫后余生的尘封藏书中，一册与“破四旧”时代大相径庭的民国老照片扑入眼帘，照片上的女子面如满月，高髻如云，身着短袖凤仙领大红丝绸装，如意斜襟，襻条盘扣，高开叉，胸前是中国传统水墨画描绘的花卉图案……难以回味我当时的惊愕。早先的女人，原来是可以这样惊艳的。当时并不知道，这件让女性真正成为女人的衣裳，有一个陌生而温情的名字——旗袍。

分明是岁月阴霾中的惊鸿一瞥，让我身在人间，却不知今夕何夕。亲戚家在民国初年，尚属书香门庭。那个遥远年代的文化传统与时代的交锋，被一件旗袍折射得今昔错位，大美阻隔。读初中时，港台影视、歌曲呼应着20世纪30年代老电影《马路天使》的所谓“靡靡之音”，以流行和穿越的力量，再次把一颗少年的心撩拨得一塌糊涂。“天涯呀海角\觅呀觅知音……”我首先记住了演唱者的旗袍，然后才记住了那位叫周璇的女人。终于有机会明白，在旧照片般泛黄的岁月里，那样的女人在遥远的上海滩曾经百花争艳，比如周璇、宋美龄、阮玲玉、林徽因、张爱玲……①在历史的斗转星移和世事轮回中，旗袍原来犹如出墙的红杏，一度在港澳台的大观园里常开不败，比如邓丽君，比如夏梦，比如张曼玉，比如……

❶ 作者运用比喻的修辞手法，把旗袍比喻成出墙的红杏，形象生动地写出了旗袍的美艳，恰到好处地彰显了旗袍在时代长河中独特的魅力。

我那时就想，旗袍——她若不是我在天涯海角觅得的知音，我何曾能够在这高山隔音、流水断梦的尘世，伯牙与子期般的相遇。我认准了，大凡丝滑如水、温润如玉的绫罗绸缎，一定是为旗袍而生、为女人而存、为美丽而死的。②旗袍一定懂得，她在一个少年的内心，正在情深深地生根，意绵绵地发芽，雨蒙蒙地开花。

❷ 运用拟人的修辞手法，赋予旗袍人的行为和习惯，凸显出旗袍在少年男女心中不可磨灭的地位，突出在那个年代里旗袍的重要性。

少年时的屋檐下，一个小雨淅淅沥沥的午后，小花狗半醒半眠。我听见女孩子们聊旗袍：“旗袍，有圆襟、直襟、方襟、琵琶襟……”

复古的时尚忽如一夜春风来，千树万树梨花开。某个太阳雨的时节，小城的青石小径上，常常有穿着旗袍的女人，右手搭一把油纸伞，左手拎一绣包，款款而行，亭亭而立。举手投足间，美目顾盼时，仿佛是一种对接，对接这片古老大地上曾经的“蒹葭苍苍，白露为霜”；仿佛是一次牵手，牵手那曾经的“所谓伊人，在水一方”。旗袍，由此让越来越多的女子变成了典雅高贵、风情万种的女人。那一刻，①旗袍是女人的明眸，女人是旗袍的皓齿；旗袍是女人的肌肤，女人是旗袍的内心。据说旗袍是分京派和海派的，而代表江南的海派尤甚，我恍惚自问，这是江南吗？尽管故乡曾被称作陇上江南，明知这是自勉自慰，却放飞了我无尽的遐想，真正的江南，该当是怎样一件精美绝伦的旗袍呀。

❶ 运用排比的修辞手法，通过四个对仗工整的句子，不仅写出了旗袍对于女人的重要性，还增强了文章的气势，增添了文章的文采。

那个小雨初霁的季节，我在巴黎、柏林、布鲁塞尔的街头看到了许多身穿旗袍的倩影，既有亚洲女子，也有欧洲女子；既有耄耋之年的老妇，也有②蓓蕾初绽的姑娘。我恍惚自问，这是故乡，还是异乡？这是中国的表情，还是世界的容颜？

❷ “蓓蕾初绽”不仅写出了姑娘的妙龄，蓓蕾也突出了少女的美丽和青春，用在这里和前面的耄耋之年形成对比。

没人猜得透我对旗袍前世的追索和今生的眷恋，一如对美的追问。有人说，旗袍源自满族旗人的长袍，也有人说源自先秦两汉时代的深衣，还有人说是20世纪20年代满族旗服与西方时装联姻演化的结晶。我却暗暗倾向于后者，不光因为中华民国政府于1929年把旗袍确定为国家礼服之一，重要的是搜遍古代历朝诗词歌赋，除了耳熟能详的诸如“云想衣裳花想容”“虹裳霞帔步摇冠”“绣罗衣裳照暮春”等千古绝唱，找不到任何有关旗袍的只言片语。吸引我的，仍然是民国年间的两首小诗，一首是戴望舒的《雨巷》，另一首是卞之琳的《断章》。让我无法自解的是，两首诗照样未曾提到旗袍，可我偏偏从①“撑着油纸伞，独自\彷徨在悠长、悠长\又寂寥的雨巷\我希望逢着\一个丁香一样的\结着愁怨的姑娘”中读到了旗袍，从“你站在桥上看风景\看风景的人在楼上看你”中读到了旗袍。可不是，那份让人爱怜的忧郁，那份摄人心魄的妩媚，那份梨花带雨的羞涩，那份恬淡孤傲的高贵，不就是一件件旗袍的质地、一个个女人的美丽吗？人间还有什么，能让你想到如此《踏莎行》般的杏花烟雨，如此《蝶恋花》般的风花雪月，如此《醉花阴》般的暗香盈袖呢？当旗袍和女人融为一体，你分得清哪是仙境？哪是人间？

❶ 作者在这里直接引用了《雨巷》中的原文诗句，更能直截了当地凸显出了旗袍对于民国时期女子的点缀，虽然只字未提，但是能联想到旗袍的美丽。

这些年应邀参加过一些与旗袍有关的文艺活动，比如“旗袍晚会”“旗袍秀”“旗袍季”……不一而足。那次与某女主持人同时受邀担当文艺赛事评委，主持人的旗袍上绣着几朵典雅的百合，立时让旗袍的文化外延拓展了许多。其时美女如云，旗袍如瀑，宛如水色潋滟，百花朝露。独有一女子身着欧式真丝双绉长裙。她芳容出众，身材曼妙，却未能入围。“秦老师，能告诉我失分的理由吗？”她问我。

我反问：“你怎么理解旗袍与生活？”

②小女子修长的睫毛上顿时挂上了晶晶的亮，那是一滴女性的泪，但不是女人的泪。她的目光久久凝视着头顶会标上彰显赛事主题的三个字：中国风。她会在中西方文化的交汇、链接处寻找到答案吗？

❷ 作者通过对小女子细致的外貌描写，能看到作为女性修长的睫毛，以及悲伤时落泪时亮晶晶的泪水，凸显出女性的美丽。

真的不用我提醒，当旗袍成为国家级非物质文化遗产，当旗袍与中国女人一起在各种国际会议、赛事、活动中频频亮相，当旗袍被世界公认为服饰文化的经典，那么，旗袍在寻常百姓家意味着什么呢？有人回答我："家和。"这是个非常了不起的答案。"家和万事兴"，容易让我们想到一个民族的走向和命运。小女子如若参透了这一点，当旗袍加身，她便是一个文化的奁匣，奁匣里，是满满一桌历史、时代、生活的盛宴。

小女子轻轻告诉我："我看到老师旗袍上的百合了。"老师，指那位主持人。也许她已经明白，该百合时，为什么不是芍药，该长城时，为什么不是埃菲尔铁塔，该云时，为什么不是雨。

每当烟花三月或是稍晚些时候，我都要到江南去，尽管不再年少，可每当置身江南桂花、[1]丁香的氤氲与芬芳，那白墙灰瓦之间的古巷，那夜半钟声的客船，那梅雨拂柳的枫桥，分明便是旗袍的一凹一凸，一袖一襟，以至于下榻江南的某个夜晚，梦见一家古色古香的丝绸店门口，有一位打伞的旗袍女人，一脸幽怨地朝我眺望，如一曲老家的民谣。门口，有一束花，还有一只小花狗。一切，是那么熟悉，熟悉如旗袍上一个小小的盘扣，是直角扣，花扣，还是琵琶扣。

谁愿在这样的梦中醒来呢？那分明就是家嘛。

❶ 运用通感的写法，从视觉、听觉和嗅觉三个方面来写出作者的感触，视觉所见之初是白墙、古巷、客船，所听到的是夜半钟声，闻到的是丁香的芬芳。

延伸思考

1. 文章中提到了三个旗袍起源的观点，分别是什么？作者更加倾向于哪一个观点？

2. 在结尾之处，作者写到了老家的民谣和小花，以及小花狗，仿佛和旗袍并没有什么关联，为什么作者仍要保留？

一个城市的底气

名师导读

一个城市的发展，不仅要靠经济的推动和社会的进步，面对现代化发展的浪潮，很多城市已经迷失自我，丢弃了自己城市在历史文化发展中的传统手工艺，这样很难站稳脚跟，没有城市的文化底蕴来作为支撑，是很难继续发展和壮大的。本文中，作者主要以天津这个城市作为依托，写了面对现代化的浪潮，如何守住底气，读完之后，引人深思。

山要凛，川要平，水要流，全因了底气使然。

这使我想到一个城市的底气。中国大小城市万千，伴随着斗转星移中的社会变革和改朝换代，可谓“城头变幻大王旗”，① 一些古老的城市销声匿迹，底气顿失；一些新兴的城市破壳而出，底气渐生。何也？并不遥远的记忆中，西部老家曾盛行这样一种年画，其构思旖旎可爱，线条柔媚飘逸，色泽氤氲盎然，主题多为五子夺莲、福寿平安、庆赏元宵、文姬归汉等，极富

❶ 作者运用对比的修辞手法，将古老城市的消亡和新兴城市的萌生对比，反映出随着社会进步发展，有一些古老城市将面临消亡的局面。

江南水乡的民间、民风意趣，它就是杨柳青年画。少小的我居然没意识到这种杨柳依依的传统文化会来自北方的一座城市——天津。以至于后来定居津门，我在海河边徜徉的步履竟有些恍惚，这座日渐时尚的城市除了杨柳青年画，还留存、延续、传承着这样一些南北并蓄的传统文化信息：①泥人张、风筝魏、砖刻刘、烙画葫芦、剪纸、灯笼、绒绢花、手工地毯……

❶ 作者列举了很多具有传统文化信息的物品，反映天津这个城市虽然日渐时尚，但也保留着传统的老物件，说明天津对于文化的包容性很强。

"这都是咱天津的底气，是用水做的。"一位民间工艺大师告诉我。

我初时无解，复又解之。北方本缺水乡，可天津的当年却不似水乡胜似水乡，它曾被誉为七十二沽的，那蝶衣羽片一样密密麻麻点缀在天津肌体上的河流、湖泊、池塘，一定不曾离开老天津卫的记忆。沽，古指水名，即今河北省的白河，七十二沽是嘛概念？城在水中，水在城中。纵是意大利的水城威尼斯和中国的枫桥江南，岂能与津沽比肩？天津前辈作家刘云若把天津城比作扬州，故而有了绝世名著②《小扬州志》，夸尽了天津既别于北方，又异于南国的异质风情。今番重读，恍如隔世。前些日子，有位祖籍天津的台湾老者与我晤面，老先生捋须发问："假如七十二沽尚存，你会续写《大扬州志》吗？"这个命题，让我避之不及，不知如何是好。

❷ 《小扬州志》的作者是刘云若，这本书通过记载秦虎士与柳青青之间悲欢离合的故事，主要描写了当时被称为"小扬州"的天津的风土人情。

那个安详的夏日，我陪老先生在古文化街、鼓楼一带漫步，先生亲自掏钱购买了两样东西：杨柳青年画和泥人张彩塑。他说："天津的底气，在这里。"抬眼望，牌楼上方书有四个字：津门故里。

说起来，老家甘陕一带好歹算是中华民族的重要发祥地，那种史前文明的强劲遗风和众多秦砖汉瓦唐槐宋瓷的遗存，上溯可达8000年，一度让西部人在传统文化层面的底气盆满钵满。相比而言，天津只有区区600年的建城史。杨柳青年画起步于明代崇祯年间，满打满算400年，却与苏州的桃花坞年画并称“南桃北柳”，而桃花坞年画早在宋代就有了。泥人张彩塑在天津的出现，才是晚清道光年间的事。魏记风筝的历史更短，也就100多年。而这其中的不少民间工艺，多在1915年前后在巴拿马国际博览会上频频夺得金奖。也就是说，它的孕育、绽放与辉煌，几乎是同期实现的。这一现象，让世界目瞪口呆。

天津真的是个异数。“一座天津城，半部近代史”。百年前的天津像极了飓风狂澜中的一叶孤舟，可聪明的天津民间艺人愣是在义和团运动、八国联军入侵、戊戌变法、洋务运动的枪炮、硝烟、夹缝中，在三岔河口装卸码头的号子声中，在九国租界街头巷尾的法国梧桐树影里，在七十二沽的莲藕芦花深处，巧承北国气脉，博纳江南遗韵，积蓄了完全属于天津的民间工艺底气，并做到了后来居上，席卷全国。①其中的秘籍，到底是因为包容还是能耐？是因为隐忍还是情怀？我没见过这方面的研究。我只知道，那时七十二沽尚在，而辽阔的渤海湾，海纳百川。近代史上的万千先觉者，从这里登船离岸远赴西方；而西方的许多现代文明，从这里尝试与中国牵手。

大概十年前吧，我应邀参加天津市印纽专业委员

❶ 作者连用了两个疑问句，面对天津是如何保留民间工艺，并影响到全国，作者也写出了自己的疑问，这两个疑问句更能够凸显天津民间文化的繁荣昌盛。

会成立大会，现场云集民间工艺界人士五十多人，其中不乏“国际民间工艺美术大师”“国际民间工艺美术家”“中国民间文艺山花奖·民间工艺奖”“中国民间文化杰出传承人”等荣誉获得者。大家建言献策，激情满怀。其心之诚，情之深，意之切，让我为之动容。可某位工艺师却告诉我：“如今的参与者，不及当年之万一。”我暗自一惊。这是不是意味着天津的民间工艺制作由大众变小众了呢？那么，空前火爆的民间工艺品市场又从何而来？

“现代人假如不是为了消费底气，这些东西还会存在吗？”一位篆刻专家告诉我。在他看来，城市和人一样，是有脚的，都在岁月里行走。①提升底气和消费底气不是一码事儿。提升底气，你可以继续走，而且越走越稳，而消费底气，你完全可以不走，也可以原地踏步。在文化多元的新媒体时代，一个城市的底气需要时时刻刻活络化瘀，滋补经血，探索路径，而不是光为了消费、追忆和纳凉。而今更多购买天津民间工艺品的旅人，多是为了证明曾经来过。我恍然想起，曾几何时，西部老家的厅堂里，早已难觅天津民间工艺品的踪迹，不是没有，而是当作旅游纪念品束之高阁。更为幽默的是，即便走过天津本地的城区和乡村，除了民间工艺品市场，“民间”何在？像极了七十二沽的宿命，在推土机亢奋的喘息中，转眼间变成高楼大厦，变成“多少钱一平米”。

❶ 这句话揭示了本文的主旨，一座城市如果丢失具有代表性的民间艺术和传统文化的底气，一味提升消费水准，反而只能原地踏步，无法进步。

那天在津湾遛早，意外发现有位民间工艺师在展示他制作的风筝，其中有两个主题吸引了我的眼球：

彩绘的海鸥牌手表和飞鸽牌自行车。[①]“这两种研制自20世纪50年代的工业品，曾被誉为中国的‘第一表’和‘第一车’，曾让咱天津卫底气十足，可如今……我想让它飞起来。”这话，让我好生感动一番。无论呈现与凋零在哪里——梦，却在民间。

我负责主编的《民间花香》是一部关于天津民间工艺的专著，很多专家为此下了死功夫。一位专家对我说：“只为雨后春笋，不为红消香断。”

不由想起那天的风筝，在津湾。

❶ 作者直接引用了民间工艺师说的原话，从这句话里能看出，这位民间工艺师在用自己的手艺来保留和传承天津的民间艺术和传统文化。

延伸思考

1. 请结合文章内容，简要说说天津这个城市的底气体现在哪里。

____

____

2. 在文章的最后几段，作者即便走过天津本地的城区和乡村，除了民间工艺品市场能够看到代表着天津底气的民间物件，其他地区都是高楼大厦，从这一段中能看出什么?

____

____

巴黎圣母院的鸟群

名师导读

巴黎圣母院位于法兰西共和国首都巴黎市中心城区，地处塞纳河中央西堤岛上，与巴黎市政厅和卢浮宫隔河相望，为哥特式基督教教堂建筑，也是法国最具代表性的文物古迹和世界遗产之一，法国及欧洲文学文化地标建筑，享誉世界，作者在本文中则是以鸟群为主要的描写对象，写出了巴黎圣母院鸟群的不同之处。

如果有谁说巴黎圣母院像屹立在塞纳河中心的鸟岛，恐怕难觅应和之声。首次去巴黎圣母院，我竟被那飞织入网的鸟儿吸引。

生当为人，就有理由见识人间各种各样的鸟儿，至于和鸟儿的命运在心灵的某个方位有什么样的默契，我确未曾深究过。①我平静的步履轻轻跨过巴黎塞纳河上古老的石拱桥的时候，坐落于西堤岛上的巴黎圣母院那高大、庄严、肃穆、雄浑的哥特式英姿已经像

❶ 这是作者对巴黎圣母院的第一印象，能够凸显巴黎圣母院的庄严和肃穆。

一滴温热的泪珠儿，饱含在我的眼帘之中了。有鸟儿亲昵地落在了我的肩头，我认得出，竟是在国内随处可见的麻雀，我感动得近乎有潮雾弥漫眼眶，灵魂在瞬间似乎得到某种贯通和抚慰。从麻雀歪着脑袋注视我的眼神里，我读到了一种血缘才有的信任和亲近。甚至可以说，小精灵那张娇小的毛茸茸的脸，是洋溢着微笑的，心领神会的那种。

在我过往的记忆里，鸟儿见了人必然是要跑的。那种跑，其实是飞。飞逃，或者逃飞。可它总是奇迹一样生活在人的视野里，理由我当然懂的，有人的地方，就有庄稼和虫子。

却是被鸟儿吸引，这让我对巴黎圣母院的初见有些不知所措，而少时拜读雨果的[1]《巴黎圣母院》，一定不是这番样子的，当时还以为雨果姓雨呢？什么姓啊，湿漉漉的。一个苹果老是让雨泡着，外国人真是没文化得可以了。

据法国朋友介绍，巴黎圣母院始建于1163年，整座教堂在1345年全部建成，历时180多年。我暗自推算了一下，那个年份时值800年前的南宋隆兴元年，继位不久的宋孝宗为了北伐雪耻，不得不与太上皇宋高宗叽叽咕咕窃窃私语，意欲对21年前被他们自己决然诛杀的岳飞平反昭雪。父子俩这脑子走得实在过于花哨，用你时就让你金戈铁马气吞万里如虎，防你时就来个莫须有风波亭人头落地，再用同类时就给你昭雪了。翻手为云覆手为雨，这逻辑皇家能想出来，狗是想不出来的，归根结底心中不是那颗心。那一年，

❶《巴黎圣母院》是法国文学家维克多·雨果创作的长篇小说，这篇小说揭露了宗教的虚伪，歌颂了下层劳动人民的善良、友爱、舍己为人，反映了雨果的人道主义思想。

宋高宗、宋孝宗爷俩一定不会想到遥远异乡金发碧眼的人们正在美丽的塞纳河畔构筑一幢为世人安放灵魂的地方。①那里，因为救赎，人们在祈祷；因为互信，鸟儿在徜徉。

❶作者用了两个排比句写出了巴黎圣母院里人们祈祷和救赎，以及因为互相信任，鸟儿能够自由自在飞翔的情形，这两个排比句写出了巴黎圣母院建造的初心是让人们自我救赎。

巴黎圣母院有四个门，我由东门入。从阿尔卑斯山那边飘来的阳光像圣母的目光一样铺满大地。东门前的广场很大，铺满匀称而细柔的沙子。从这里西望高耸入云的巴黎圣母院教堂，目及处当为最佳的景致，巨大的拱形门四周布满了雕像，重重叠叠，多为描述《圣经》中的人物。大门正中间的雕塑主题则是著名的“最后的审判”。左右两边各有一门，左侧大门上的雕塑表现的是“我们的女士”圣母玛利亚的事迹，右侧则是圣母之母——圣安娜的故事。成千上万的来自世界各地的人，从这里安静地走进去，把名利放下来，把纠结放下来，把所有的一切都放下来，在做弥撒、听圣乐中寻求灵魂的回归和超度。我想，那一刻的人们，心里一定安放着田园一样的宁静，那样的宁静里，人的目光和鸟儿的目光，一样一样地眨，或者，一样一样地不眨。

然而我惊讶地发现，每一处的雕塑群，同样几乎是鸟儿的乐园。鸟儿的喧闹和信徒们的安静形成幽默的反差。信徒们不会不知道鸟儿的脾性，一定早就对鸟儿熟视无睹了。②成千上万的鸟儿，在这里自由自在地飞翔、嬉戏、生活：或群起群落，或结伴双飞，或独身游走，或聚散信步。广场的细沙里，你会冷不丁发现游泳一样抖动着翅膀的麻雀，干净的沙砾像塞

❷作者用排比句写出了鸟儿的状态，巴黎圣母院的鸟儿可以自由自在地飞翔、生活，彰显了自由的精神。

纳河里晶亮的水珠一样，沿着太阳的光线在翅膀的羽毛表面一滴一滴地滑落。也许，这里有麻雀和谐的家庭，浪漫的爱情，美好的憧憬什么的……它们传递的所有信息都是祥和而充满生机的，甚至可以感知，我们的神经系统和它们在生理上有某种切合与链接，因为它们时不时地就落在你的肩上。你能感觉到小小的爪子——不，是小小的红酥手，承载它们身体的分量。

那分量像是一种语言：“别担心，其实我们认识很久了，不过是一次重逢。”

是很久了，可我和麻雀头对头、眼对眼的近距离对视，却是第一次。自由之后，人和大自然原来可以是这样的。人本来就是动物，可人把人却当作人。

①一位法国朋友告诉我：“是人，给了鸟儿快乐。”可同行的中国翻译却翻译成了“是鸟儿，给了人类快乐”。

法国朋友立马用流利的汉语纠正了过来，并提醒：“老弟，你把我的意思搞相反了。”

中国翻译的习惯性思维，让我一时无语。一直以为，自由世界在某种程度上不过是一种渴望，或者说梦想而已。②可巴黎圣母院的鸟儿分明在告诉我，无论飞起或者落下，无论这里或者那里，无论你还是他，大家都在同一蓝天下享受应当的自由和平等。你把鸟儿五花大绑，而最终束缚的必然是你自己。这里是讲究天堂的地方，如果承载着人类的星球到处都是天堂，还会有教堂吗？比如巴黎圣母院，在鸟儿看来，这里一定是天堂。

❶ 作者列举了中国翻译把法国朋友说的话翻译成了不一样的意思。同一句话的不同表达，能够体现当时人们思想上的差别。

❷ 作者通过想象，借巴黎圣母院的鸟儿之口来宣扬自由平等的思想，无论是哪种生物，都应该是自由的，他们也应该有自己的生存之地。

眼前的巴黎圣母院，具体而实在，这座世界建筑史上最伟大的石头建筑，这首被誉为由巨大的石头组成的交响乐，本当是人类文明和智慧的产物，可我却想到了大自然。很多个瞬间，我看见天是蓝的，云是白的，水是清的，人们的脸是真实的，所有的对话都是自由的。如果这是我迟到的发现，鸟儿大致早就嘲笑我了。

又有一只麻雀轻轻落到我肩上，小爪子在我耳朵部位轻轻挠了一下。我突然就不好意思了。

❶ 这句话是一个转折句，有过渡的作用，虽然欧洲大地倡导自由平等的观念，但是欧洲大地并没有永久平安，还是会有战争，正好过渡到下文对战争的描写。

①可蹊跷的是，欧洲大地和全球所有的地方一样，从来就没有平安过。就在几年前，相邻不远的东欧巴尔干地区，用现代科学制造的炮火把十多万人送进了地狱。以杀戮为主要形式的战争本来就是人类有悖文明物种的重要标志，而近现代战争竟也含带了虚伪的文明和人性色彩。我无意追究战祸的孰是孰非，只想说，比如在那场东欧战争中，几乎所有的教堂都安然无恙，完好无损，当然，必须得排除误炸误伤，比如“二战”时期德国柏林的大教堂。我去过那里，据德国人讲，当年大轰炸后，民众自发组织起来，临时搭建起高高的棚子，呵护着教堂残花败柳般的容颜。

说穿了，战争的指挥者和士兵，对教堂还是怯于矫正到瞄准镜中的，屠刀下的文明，终归也算是一束光亮。炮火之后，鸟儿重来，而人们迷途知返的脚步，远赶不上鸟儿的翅膀。只是，鸟儿未必懂得人类拿起屠刀的初衷。懂这个干什么呢？那是人类自己的孽。

走进圣母院内，我能感觉到我的目光有孩童的意味。①一楼大厅右侧安放一排排烛台，数十支白烛辉映使院内洋溢着柔和的气氛。座席前设有讲台，讲台后面置放三座雕像，左、右雕像是国王路易十三及路易十四，两人目光齐望着中央的圣母哀子像，耶稣横卧于圣母膝上，圣母神情十分哀伤……我的心情突然十分地复杂起来，却萌生一个简单的祈愿：圣母如果不哀伤，该多好啊！我没有到三楼去，我知道那里是最顶层，也就是雨果笔下《巴黎圣母院》中描述的钟楼，从钟楼可以俯瞰巴黎如诗画般的美景，远眺欧洲古典及现代感的建筑物，欣赏塞纳河上风光，那里，一定会有一艘艘观光船载着来自世界各地的游客穿梭于塞纳河上，美丽的浪花呼应着人们开心的笑声。想是这么想着，脚步并没有挪动，面对圣母哀伤的表情，我生了根的脚早已发芽，却无法开花。

步出巴黎圣母院，光线很好。有位大胡子的老人用一条腿支撑着身子，另一条腿则屈搭在栏杆上，肩、膝、头部都落满了麻雀，一拨麻雀飞走了，另一拨麻雀又来，这时老人和麻雀一起进餐。我用数码相机摄下这个镜头的时候，竟真的分不清老人和麻雀的眼神到底有什么区别。

只是后来，我再也没有过和麻雀对视的机会。每次相逢，往往是背道而驰的开始。它不知道在大地的投影里，有我孤独的目光。

❶作者主要从视觉角度，对巴黎圣母院内部的建筑物和圣母的形象、神情进行了非常细致的描写，能够看到巴黎圣母院内虽是庄严肃穆却也流露出一丝的柔和。

延伸思考

1. 从文章中“东欧战争中，几乎所有的教堂都安然无恙，完好无损”和“大轰炸后，民众自发组织起来，临时搭建起高高的棚子，呵护着教堂残花败柳般的容颜”这两个细节中能看到什么？

____

____

2. 巴黎圣母院的鸟群和外面普通的鸟群有什么不一样的地方？

____

____

渭源是一口锅

名师导读

有这样一条河，穿越华夏文明中轴线，浩浩荡荡、义无反顾奔向黄河，它就是渭河。作为黄河的最大支流，谁曾想他的源头起源于鸟鼠山涧，李白曾感慨“渭水银河清，横天流不息”；张籍赞叹“渭水西来直，秦山南去深”，可见渭水有着不一般的意义。在本文里，作者把渭源比作一口锅，这是为何？不妨跟着作者一起发掘。

要说渭河是一碗汤，那么，它的源头是个啥哩？

到了陇中渭源县的鸟鼠山，我这才发现，渭河的源头真是一口锅的。《山海经》曰：[1]“鸟鼠同穴之山，渭水出焉。”鸟儿、老鼠居然能同锅并灶过日子，我初以为是古人搞笑之娱，但渭源人却一本正经地告诉我：“那是真格的，在特别干旱少树之地，有的鸟鼠会同穴而居，相依为命，这是求生与大爱的绝唱哩。”

❶ 这句话出自《山海经》，讲述了渭河的源头竟是鸟儿和老鼠一同生活的地方，激发了读者的阅读兴趣，想在文中一探究竟。

一句话，惊得我目瞪口呆，回眸渭河源头，但见

“锅”里“汩汩”溢出的渭河水也就方寸之间的量，可就是这一锅老汤，一路向东，万千沟壑中的涓涓细流纷纷响应加盟，以雄浑的气势穿越甘陕两省，在莽莽秦岭山系和渭北高原之间抻出一条八百里秦川，继而在潼关会师黄河，直指大海。

品一口渭河汤（哟）品得天下，

品一次天下事（哟）品得渭源……

这是一曲渭源民谣中的头两句，句句不离“品”字。一个“品”，三个“口”。而口，是用来吃饭的。饭在哪里？在锅里。

也是奇了，渭河的源头被誉为“品字泉”，盖因吐云泉、禹仰泉、遗鞭泉三个源头形成了一个天然的“品”字。①渭源原名首阳，因境内有商末周初孤竹国二位王子伯夷、叔齐避居采薇首阳山而得名，直至西魏文帝大统十七年才易名渭源，而伯夷、叔齐宁可跋涉万水千山归隐渭河源头也不愿争权夺利的故事，把“人到无求品自高”的至理名言演绎得活色生香，至今品来，依然津津有味。

❶作者简要地介绍了“渭源”这两个字的由来，也向读者揭示了从“首阳”到“渭源”的过程，能够看出渭源两字的背后有着丰富的文化意蕴。

“有其锅，必有其味。三源孕鸟鼠，一水兴八朝啊！”渭源人说。早听说渭源人一张口便习惯方言与“之乎者也”混搭，今番果然领教。所谓八朝，指周、秦、汉、晋、北魏、北周、隋和唐。

不懂日子的人，其实很难懂这口锅的。比如，听说我要去渭源，有位天津的朋友就颇感惊讶：“哪个渭？

是渭河的渭吗？哪个源？是源头的源吗？”一连串的疑问已经捎带了答案，可朋友浑然不觉。

①一缕缕炊烟，从渭河源头的密林深处袅袅升起，那是客栈的主人给来自世界各地的游人烧水做饭。空气中氤氲着烹、煎、炒、蒸、煮之后的人间烟火气息，那定当源自一口口锅的。而这样的烟火，真的和文明初肇时代的烟火有什么不同吗？岂止是“一水兴八朝”，这里的每一堆薪火，每一缕炊烟，曾经让黄河上游的先民们有能力、有勇气、有智慧吹响中国古代文化的第一声号角，为渭河的子孙伏羲、女娲、轩辕们开启华夏文明之光，提供了伟大的可能性，使闻名遐迩的仰韶、马家窑、齐家“三大文化”芳香四溢。只是，这样一口锅，我为何迟至今日才靠近？

❶ 作者从视觉和嗅觉两个方面写了渭河源头附近的环境，“密林深处”点明了渭河源头位于密林深处，而“一缕缕炊烟”和空气中的“烟火气息”说明这里有很多人曾来观赏过。

说来难以置信，二十年前我在老家天水时，每次去省城兰州，必经“苦甲天下”的定西。放眼四望，②赤裸的梁峁恰如一群群沉睡不醒的秃子，偶有灰头土脸的脊瓦从尘埃里浮出来，那里便是干打垒的村舍了。倘真要找出一星半点儿的绿来，必然是庄稼地里胎毛一样稀疏的洋芋秧子。洋芋，有些地方也叫土豆或马铃薯的。“定西有三宝：洋芋、土豆、马铃薯。”这是定西人的自嘲，更是定西人的无奈。定西人也曾告诉我：“谁说咱定西不长毛，渭源就是咱胳肢窝里的一棵草哩。”仍然是自我戏谑的口吻，可见渭源还是有草的，多少？不多，就一棵。

❷ 作者运用比喻和拟人的修辞手法，把梁峁比作“一群群沉睡不醒的秃子”，生动形象地写出了定西植被稀疏，把脊瓦拟人化，用“浮”这个字也说明周围的黄土之多。

渭源，就这样尴尬地偏居定西一隅，我竟从未想过放慢匆匆的步履，哪怕看它一眼。我的人生中，不缺一棵草的风景。

这次重返定西，发现有一抹纱幔般的绿，早已轻轻笼住了这里的山川，它不像江南的绿那样恣意汪洋，也不像北国的绿那样敦实厚重，那是能分辨出眉目的草，一棵、两棵……百棵、千棵……它未能完全覆盖大地，却正在为大地赢得生命的尊严，而满山满洼的洋芋花儿，粉的如霞，白的如雪，如大地一觉醒来明眸皓齿的模样。进入渭源地界，那绿已经密不透风，首阳山、老君山、莲峰山一带更是草长齐腰，树木葱茏。沿渭河溯流而上，我们就像一叶叶小舟，在绿岛清波中徜徉。一位来自江南的朋友颇感诧异："怎么觉得，这是我的故乡呢。"

"咩咩……""哞哞……"回应他的，竟是草丛里的牛羊。

对面的山梁上，两千多年前的秦长城若隐若现，那里有牧羊人在吼秦腔：

搭锅起灶把饭造，
炖肉熬汤盼儿娇……

分明是当年老秦人的吼法，这一吼，就吼到了当下。

"守好这口锅，就有了渭河这碗汤。"村民老赵说。其实老赵的另一个身份是农民书画家。村子依山傍水，不少来自陕甘川"大地方"的画家在这里租房写生创作。①村里有个民俗博物馆，陈列着早已退出尴尬岁月的农家用品：讨饭的破碗、找水的灯笼、求雨的香炉……

❶ 作者列举出了村子里民俗博物馆很多的农家用品，通过这些列举能够看出这个地方承载了岁月和文化的痕迹，记载着渭源的发展。

村头露天大戏院中的几百个“凳子”，竟是一个个排列有序的碌碡。我不知道这些碌碡离开麦场到底有多久，但“碌碡阵”散发的麦子味道，却像来自远古的一场透雨，一滴，又一滴，悉数落进渭源人的锅里。

“这个味道，必须有。”老赵说。他开始挥毫泼墨，那线条，那色彩，分明就是渭河的源头。

“您是在画一口锅吗？”我问。

他微微一愣，说：“您咋晓得我要给画作取这个名字呢？”

延伸思考

1. 文中有一句话“不懂日子的人，其实很难懂这口锅的”，对这句话你是怎么理解的？请结合本文谈谈。

2. 作者为何要把渭源比作成一口锅？这个锅有什么寓意？

寻找褐马鸡

名师导读

褐马鸡是雉科，也是中国特产珍稀鸟类，它的身高和体重都比平时见到的鸡要大得多，而褐马鸡最引人注目的便是它的尾巴，尾巴之处的羽毛非常蓬松，而且羽毛的形态也是高高立起，可是有不少人为了获取褐马鸡的羽毛作为装饰，残忍地杀害了很多褐马鸡，导致褐马鸡如今成为国家重点濒危保护动物，本文对褐马鸡进行了非常具体的记叙，让我们跟着作者一起看看吧！

找啊找，像寻找一个未曾约定的朋友。那一刻，我们仿佛集体返老还童。

要找的，是被誉为“东方宝石”的褐马鸡，其古名曰：鹖。

这是位于山西沁源的灵空山。好奇与虔诚，让我们暂时忘记了山腰千古名刹圣寿寺带来的神秘感，忽略了因“一茎出土，派生九枝”而被誉为华北油松之王的“九杆旗”带来的冲击波。在某个山顶的塔楼前，护林员老焦说：“你们远道而来，我一定帮你们找到褐马鸡，一饱眼福。”说话间，老焦已隐入松林。

①一脸黝黑的老焦，被指为灵空山一奇，据说他谙熟多种鸟语。

❶ 作者用简单的一个句子，为我们塑造了老焦这个人物形象。可以看出老焦非常精通鸟语，为下文他学褐马鸡的叫声做了铺垫。

大家不约而同地停止了攀爬，个个屏息静气，侧耳谛听，目光像滚烫的探头一样，热切而激动地锁定了周边的崖畔、树木、草丛和洞穴。而我却莫名地有些心悸，突然想起当年——儿时吧，我们这帮“山里通”常常乐此不疲地帮山外来的猎人寻找雉鸡，目的仅仅是枪响过后，分享几根修长漂亮的雉鸡尾羽。假如，当时和褐马鸡狭路相逢呢……时过经年，同样是寻找，却别有一番滋味在心头。

作为山西的省鸟，②褐马鸡曾一度濒临灭绝的边缘，根本原因是人类生活疆域的扩张和人为的猎杀。据说国内现存数量也就8000只左右，主要分布在山西、河北、陕西、北京的偏远山区。褐马鸡在灵空山悄然安家才是近几年的事，最初仅惊现几只，后来喜闻十几只，如今已有几十只了。问起个中缘由，原以为沁源的朋友会大谈灵空山的自然生态奇迹什么的，可他却说：“这里，可是灵空山啊！”

❷ 褐马鸡属于中国特产珍稀鸟类，是马鸡中最为名贵的种类。近年来总体数量不断下降，属于国家重点濒危野生动物。

“咕咕——喔——”幽谷中传来奇异的鸣叫。

我的天哪！那是啥？一只陌生的“大鸟”突然从高高的崖顶翩然滑翔而来，在如海的松涛上空画出一弯彩虹般的弧线。它有凤凰的神韵、孔雀的雅致、雉鸡的风采。③黑褐色的身子硕大健伟，一抹棕褐色轻

❸ 在这一段中，作者对褐马鸡进行了细致具体的描述，从褐马鸡的身子，再到脑袋、头顶、两颊、尾巴上的羽毛，能够看出褐马鸡的外形非常美丽，尤其是尾巴上的羽毛，非常独特。

笼灵巧的脑袋，头顶有冠状绒褐短羽，光洁而泛红的两颊仿佛罩上了胭脂浓妆，蓬松而斑斓的尾羽呈扇面状绽放……“哇！褐马鸡。”我的感叹里有战栗的意味，这是要张开臂膀的节奏吗？

山风回旋，我浑身一激灵，而褐马鸡已倏忽不见。

果然是一次美丽的幻觉，而那鸣叫，只是老焦充满深情的呼唤。

老焦的“鸣叫”在继续，但褐马鸡始终没有现身。一种无尽的怅然笼住了我，如一堵隔膜厚重的老墙，这边是我，那边是褐马鸡。

说来可笑，儿时观看传统戏剧，多见古代武将的帽盔上插有雉鸡尾羽，比如程咬金、周瑜、穆桂英诸等，两支长达一米四左右的尾羽伴随着手眼身法步忽静忽动，忽旋忽舞。我于是猜想，使用尾羽固然是为了艺术夸张、象征的需要，现实中可供尾羽的鸟类一定更多。到了灵空山才知道，从战国时赵武灵王始，历代将士只用褐马鸡的翎羽装饰帽盔，理由只有一个：[1]褐马鸡秉性刚勇，无论守疆护土还是捍卫爱情，都能与敌方殊死搏斗，拒不妥协，直至流尽最后一滴血。曹操在《鹖赋》序中曰：“其斗终无胜负，期于必死。”张自烈在《正字通》中曰：“性爱侪党，有被侵者，往赴斗，虽死不置。”延至清代，则改为蓝翎和花翎。书载：“蓝翎皆鹖羽，花翎内部为孔雀羽，外部仍为鹖羽。”

❶ 作者介绍了用褐马鸡翎羽装饰帽盔的原因，从这个原因能看到褐马鸡代表着一种奋勇拼搏的精神，为后文中沁源人宁死不当汉奸的描写做了铺垫。

勇士之美，美在勇士。我如梦初醒。

“鹖羽加冠，这是人类弥足珍贵的血气。”沁源的朋友感慨。

美和血气，这会是沁源人的象征吗？比如灵空山里的卧虎岭、唐王寨、舍身崖、将军墓等名胜古迹，往往伴随着除恶扬善、舍生取义的悲壮传说。在沁源人看来，褐马鸡之于灵空山，灵空山之于沁源，俨然注定。“抗战时，咱沁源没有出一个汉奸。”这是沁源人引以为豪的一句话。当年，①日军对仅有 8 万人口的沁源实施了 8 次大扫荡，疯狂屠杀 9000 多人，拷打致残 10000 多人，竟无一人屈服。最终，沁源军民通过著名的“沁源围困战”把日军赶了出去。“而那些临死也不低头的沁源儿女，像一次生命的美丽滑翔。”一位诗人轻轻吟来。

老焦从松林里钻出来时，神情有点沮丧。“也许，褐马鸡在哪棵树上悄悄观察你们哩，它就怕陌生人。”他说，“为了赢得褐马鸡的信任，我在这深山老林里陪伴了它们四年。”

老焦还想努力一试，我劝住了他。此刻，最好的寻找，就是不再寻找。

那天，我获赠一枚纪念邮票，邮票上的褐马鸡自由滑翔，分明是朝我而来，也许，它就是我要寻找的那只吧。

❶ 作者对日军扫荡沁源的过程进行了描写，通过这些具体的数字，能够看出日军的残暴，而面对日军的残酷虐待，沁源人民却无一人投降，表现了沁源人民宁死不屈的精神。

延伸思考

1. 作为山西的省鸟，褐马鸡曾一度濒临灭绝的边缘，其灭绝背后的原因是什么？对此你有什么看法？

2. 在结尾之处，作者为何劝住了老焦停止寻找褐马鸡？

和田古丽

名师导读

提到和田，很多人第一印象就是和田玉，确实如此，和田玉名扬四方，屈原曾有赞美和田玉：“登昆仑兮食玉英，与天地兮同寿，与日月兮同光。”就连乾隆也在《和阗玉》诗中写道：“和阗昔于阗，出玉素所称，不知何以出，今乃悉情形。”能够看出和田玉的独特，而在新疆地区，还有一种独特称呼——古丽，你可知古丽为何意？本文作者将会一一讲解。

让我，让我怎么说你呢？你呀你呀，你这和田美女。

美女在时下几乎成为一个油腻的畅销词汇，我却如履薄冰。说句不怕嫌酸的话，作为男人，美女该是典藏在心里最温婉处才是，怎忍得挂在嘴边？掉了，咽了，怎一个心疼得了！维吾尔族朋友告诉我：“①新疆人把美女叫古丽。古丽是花朵的意思。称对方古丽，

❶ 作者直接引用维吾尔族朋友的原话来解释古丽的意思，也能让读者读懂文章的标题。

她会对你莞尔一笑。”在内地，说哪位女子长得像新疆人，必指美丽。

那天在乌鲁木齐的国际大巴扎，眼见得古丽们如绚烂的云彩，衣袂飘飘，翩然过往，让你故作深沉控制目光也难。有作家提醒我：“其实，新疆最美的古丽都集中在和田，去了，要小心着！别忘了归途。”我笑而不答。我不知道我这笑里，能包住内心，可能包住一个以美丽为标志的世界？

就这样与和田美女相遇在南疆。在这夏日的昆仑山下，塔克拉玛干沙漠的边缘，茂密的白杨树为大地笼上一抹斑驳的、清凉的碎屑般浓荫。我们几个作家相约到了街上。那一刻，大家的目光里其实锁定了心里的审美。一切，不用寻觅，扑面而来的美丽，已经让你感受到了一个有关另一种女人的世界。此刻，不由想起维吾尔族古典史诗[1]《乌古斯可汗的传说》中有关新疆姑娘的文字：

> …………
>
> 她是个非常漂亮的姑娘
>
> 她的眼睛比蓝天还蓝，
>
> 头发好似流水，
>
> 牙齿好比珍珠
>
> …………

只有这样的世界，才能如此地涵养着绝色的美丽。

❶《乌古斯可汗的传说》是1980年4月新疆人民出版社出版的一本书，译者是耿世民，其中记录了关于新疆的风土人情。

商场里、大街上、宾馆里的和田美女，或徜徉散步，或驾驶小车，或在沙发上品咖啡。当美丽成为千古的约定，就成为一种习惯。于是看不出和田美女有什么矜持之意。① 白皙的肌肤和高高的鼻梁让美丽显得自信而挺拔，曼妙的身姿走出一种西域肢体性感的神话。目光相遇，她决不回避，她自信蓝色目光里海洋一样的包容性，每一束光芒，都是一段动人的传说。只许你去品，去读，去观赏。作为一个男人，你无法动任何邪念。和田美女习惯了在美丽中徜徉，更注重对美丽的创造，那满世界闪烁的缤纷、流动的绚丽，源自她们身上不同花色的小花帽、多种款式的艾得莱斯绸宽袖连衣裙、各色图案的金丝绒对襟绣花小坎肩，以及质地精良、细腻的丝巾、纱巾。而对耳环、耳坠、项链、手镯、戒指等饰物的讲究，更是在乎精致精巧，即便是一枚小小的胸针，都显得玲珑别致，风情万种。

❶ 作者从肌肤、鼻梁、身姿三个方面对和田美女进行了细致的描写，“白皙的肌肤”“高高的鼻梁”“曼妙的身姿”，从这些词语中能突出和田女子的美丽。

“哇哇——”这婴儿的啼鸣，往往出自和田少妇的怀抱。蓝天白云之下，不少和田少妇抱着亲爱的宝贝儿，昂首走过。这是内地城市很少见到的审美元素：美丽，性感，母性、生命，自豪；烟雨红尘，返璞归真，生活质地。② 物质社会难得一见的高贵，典雅，清纯，因了和田美女，一下子把喧嚣的内地与桃花源般的西域区别开来。

❷ 从“喧嚣的内地”和“桃花源般的西域”可以看出和田美女成就了西域，也能凸显出和田美女的清纯。

好一个和田！竟是这般的雍容华贵，连人间烟火也是如此的仪态万方，尽显风华。

据说，这里曾经是传说中的伊甸园。是吗？我宁可认为，是。

❶ 作者用比喻的修辞手法，把和田比作一块温婉的玉，生动形象地写出了和田精致而独特的美，这句话也起着过渡的作用，从和田美女慢慢过渡到下文中的和田玉。

一种流质的、活泼的西域之韵，① 从美女们的身材、回眸和步履中水一样流淌开来，环绕了我们，一呼一吸间，和田，像一块透明、温婉的玉。

怪不得，这里是和田玉的产地。玉龙喀什河里到处都有捡拾和田玉的姑娘。姑娘啊！你到底在寻找玉呢，还是在寻找自己？贵为玉中之玉，和田玉不是那么好捡的，河滩上缤纷的艾得莱斯绸缎裙子，像一丛丛盛开的花儿，姑娘就是花心，这花心，就是稀世罕见的美玉。

我明白，捡玉，其实是美丽的一次集会。玉龙喀什河的河滩，一定蜿蜒着千古以来的美丽。往东，那里是楼兰美女的诞生地，往西的公格尔山北侧，是香妃墓。我想，曾让乾隆老儿迷恋的南疆美女香妃之香，一定是当时燕赵大地没有的沙枣花儿的香，或者，是红枣花儿的香，反正，是新疆之香。我无由地讨厌乾隆，牵手一场，却搞得香妃命运不济。我不是皇上，只能罢罢罢了！香妃有知，终会懂得，皇宫纵有万般好，倘不如民间的书生如我秦岭者，最是懂得知疼知痒，怜香惜玉。

❷ 通过这个句子，能看到新疆纯蓝的天，洁白的云，广阔的胸怀，这些句子都突出了新疆自然环境的优美，远离了世俗喧嚣。

"疆女不外嫁。"答案就在传唱不息的歌词里：新疆是个好地方。

② 这里的天和眼睛一样是纯蓝的，云和心灵一样是洁白的，草原和胸怀一样是广阔的。牛羊懂得天山是家，生命懂得绿洲是宝。这样的珍惜，珍爱，待在

钢筋水泥、喧嚣嘈杂中的内地都市人，糊涂如你者他者，可懂？

初到和田的当晚，华灯初上。我们一行在著名哈萨克族作家艾克拜尔·米吉提的引领下，前往和田最大的广场——团结广场感受这里繁华的夜市。我们惊讶于广场上和田美女的歌唱和舞姿，那是我欣赏到的人间最自由、最大方、最质朴、最动人的艺术。“红蜡烛移桃叶起，紫罗衫动柘枝来，鼓催残拍腰身软，汗透罗衣雨点花。”这是当年西域美女在长安城里表演龟兹舞时，我们汉民族的著名文人白居易留下的诗句。诗句留下了，古丽们像“冰山上的来客”一样走了，回到了新疆。而今，我们循迹而来。今夜月光下的歌舞，比当年皇宫里的表演更要丰富：人与人，老与少，男与女，夫与妻，母与子……

两天后一个月高风清的夜晚，我从民丰采风返回和田，再次去了夜市。这次不是结伴，是独往。喜欢一个人的感觉，慢慢走，用我自己的眼睛，只这一双，看我最爱看的。很遗憾，子夜时分，风云突变，和田典型的扬沙雷雨天气像怪兽一样从天而降，由地而生。古丽们用丝帕蒙了脸，却极有秩序地在视野里消失，一个个地，进入家的港湾。那里，必定有强健的臂膀，像雄鹰的翅膀一样张开。

阳光总在风雨后，我相信，明天的和田古丽们，将会以新的面貌出现。美，是需要洗礼的。所以，美在这里，鲜活灵动。

离开和田的那个午后，太阳光紫外线很强。我在宾馆门口的白杨树荫凉下，拎着相机，让目光放纵。“嘎——”一辆时尚的女式摩托车停在了我旁边，像一团红色火焰。①车上的古丽，长裙花帽，彩珠点缀，玫瑰色的丝帕束起了黑色的秀发，大眼睛像清澈的湖水，高高的鼻梁下，唇红如樱。人与车，协调俊洒，曲线玲珑。她对我莞尔一笑，洁白的牙齿像启开了一个秘密。那一瞬间，突然想起王洛宾的《在那遥远的地方》的歌词：“我愿她拿着细细的皮鞭，不断轻轻打在我身上……”

❶ 作者对古丽进行了非常细致的外貌描写，从服饰到秀发再到眼睛和鼻子，通过这些描写，凸显了和田古丽精致的美。

她手里，独缺的是那根多情的皮鞭。即便有，她该打谁？

②我说：“古丽，我给你照张相可以吗？”

古丽继续微笑，轻轻摆摆手，用生生的汉语说：“不可以的。”

“为什么呢？”

“我老公会打疼我的。”

❷ 作者直插入了一段和古丽的对话，透过这段对话，能够看出古丽不仅长相美丽，言行举止也非常优雅，连拒绝也是非常有礼貌的。

我乐了，她也乐了。我进了宾馆，她启动摩托车，徐徐地，停到了我刚才的荫凉下。原来，她是以绅士的风度，等待一片荫凉。

注定了，和田美女的皮鞭不可能轻轻地打在我身上。无缘感受那种疼痛的美丽，是疼的另一种。

延伸思考

1. 在本文中有很多关于和田古丽的外貌描写，请结合这些外貌描写，简单说说和田古丽的美凸显在哪些方面。

____

____

2. 在文中，作者引用了一些诗词和歌曲，请问起着什么作用?

____

____

第二辑 故乡韵律

天上有星河，地上有麦浪。布谷鸟开口一唱,老家天水就成了麦场。一夜间，千千万万个麦垛拔地而起，在遥远的地平线与满天星斗壮丽会师，天地因之合二为一,一时分不清星斗是麦垛，还是麦垛是星斗。

作家带你练

【2022 年广东深圳八年级期中统考卷】

阅读下面的文字，完成下面小题。（22 分）

清水麻鞋

①一直想脚穿麻鞋，与时光一起走走。那脚印，该是另一番样子吧。

②“千里之行，始于足下。”也许只有皮鞋、旅游鞋懂我所有旅程的山高水长，独缺麻鞋对岁月的丈量。儿时在老家天水，偶见两三伙伴脚穿玲珑轻巧的麻鞋去学堂，去田间，去赶集，那平地而起的开心在眉宇间荡漾。我曾问母亲：“您做的千层底用的也是麻线，为啥就不编麻鞋哩？”

③母亲说：“你不晓得，人家那是清水麻鞋，多半是从清水那边捎来的。”

④我这才明白，尽管天水处处有麻线，但不是所有的麻鞋都能像清水麻鞋那样出尽风头。清水那地儿像极了它的名字，清清如水、如水清清，应了句老话：“好水养好麻，好麻养麻鞋。”

⑤在天水城求学时，我隔三岔五要蹭几趟新华书店。某天，突

然发现书店一侧的土特产市场冒出了一家出售清水麻鞋的摊位。摆摊的少年不仅脚穿麻鞋，手里还捧着一部世界名著。一聊方知，少年来自清水，家中贫困，全靠母亲编麻鞋为生。为了卖个好价钱，他只好辍学到天水租房卖鞋。他告诉我，清水麻鞋自古有名，当年杜甫写过“麻鞋见天子，衣袖露两肘”的诗句，于右任途经清水时写过《清水麻鞋歌》，吉鸿昌在天水举办武术大赛时，奖品就是清水麻鞋……那一刻，我眼前的麻鞋似乎不是麻鞋了，而是蓄满远古哨音的鸽子，是写满文化符号的信笺，是充满五谷味道的炊烟。

⑥蓬乱的头发，黝黑的皮肤，稚气未脱的脸。少年也就十三四岁。

⑦“大哥，您买一双吧！”少年的热切期待像透明的火焰。

⑧“买，一定买！”我说。

⑨少年蹲下身子，不厌其烦地帮我试穿了至少五六双麻鞋。一问价钱，每双四元，我顿时窘红了脸，这价钱在当年至少可以买三部小说。我主动把新买的一本书借给他。几天后，他还我的书多了一层用旧报纸折的书皮。“大哥，您是第一个借给我书的人。很想送您一双麻鞋，可我……送不起……”泪花在他的眼睛里打旋儿，但没有滴下来。我没见过这样的泪，清清如水、如水清清的那种，照得见麻鞋和大地。

⑩终于走进清水，是我参加工作以后。古老、清澈的牛头河两岸荡漾着一层层碧波绿浪，那便是茂密、修长的麻汇成的无边海洋。县城的一家店铺里，几位正在编麻鞋的大姐配合默契，有的盘扎鞋底，有的穿扎鞋帮，有的缠扎鞋鼻，有的搓扎鞋带，有的勾扎鞋穗。那细柔的麻线、麻绳、麻辫在她们手中如白练飞舞。柜台上的一摞摞成品麻鞋，分明对我发出久违的呼唤。

⑪可是，时过经年，我已习惯了用皮鞋迎合流行与时尚。麻鞋再好，似乎已成为过时的东西。我没买麻鞋，但没忘打听当年那个

少年。大姐说："连个名字都没有，咋找哩？那一茬人，都外出打工了。"说话间，柜台上的麻鞋居然被游客抢购一空。

⑫时光荏苒。我在几千里之外的天津落脚后，某天应邀赴四川参加一个甘肃老乡茶话会，主持活动的老乡居然脚穿一双麻鞋。"先生脚下，可是清水麻鞋？"我试探了一下。"大哥好眼力！我想告诉您的是，您是我特意安排邀请的嘉宾。"

⑬他，正是当年那个卖麻鞋的少年。他告诉我，甘肃人下四川，真正的蜀道难，难于上青天啊！可穿上母亲编的清水麻鞋，他发现不管多难的路，都可以走一走。"那年去清水，我曾打听过您哩。"我感叹。"可归根结底，是我找到了大哥您啊。"

⑭那天，他特意送我一双崭新的麻鞋。飞回天津的当天，我就穿上了清水麻鞋，一抬脚，却发现走进了岁月。

（选自 2019 年 8 月 17 日《人民日报》，有删改）

1. 文章围绕"清水麻鞋"分别写了哪几件事？请你简要概括。（3 分）

______

______

2. 说说文章第⑤段引用杜甫诗句及吉鸿昌用"清水麻鞋"作为武术大赛的奖品起什么作用？（3 分）

______

______

3. 第①段在文中有什么作用？（3 分）

______

______

4. 结合语境，按照要求赏析。（5 分）

县城的一家店铺里，几位正在编麻鞋的大姐配合默契，有的盘扎鞋底，有的穿扎鞋帮，有的缠扎鞋鼻，有的搓扎鞋带，有的勾扎鞋穗。那细柔的麻线、麻绳、麻辫在她们手中如白练飞舞。柜台上的一摞摞成品麻鞋，分明对我发出久违的呼唤。

（1）赏析加短线词语：

______

______

（2）赏析画线句子：

______

______

5. 少年时期的“我”对清水麻鞋情有独钟，因为囊中羞涩而买不起麻鞋，长大后应该买得起麻鞋，为什么“我”参加工作后，“并没买麻鞋”？请简要概括。（4 分）

______

______

6. 文章结尾处写“飞回天津的当天，我就穿上了清水麻鞋，一抬脚，却发现走进了岁月”。请简要分析这句话的含义。（4 分）

______

______

名师带你读

麦积烟雨

名师导读

“麦积烟雨”为秦州八景之首，因其优越的地理位置和自然环境，每当烟雨时期，整个麦积山烟雨笼罩，横云飞渡之际，犹如进入海市蜃楼的幻景，形成美丽的“麦积烟雨”。不仅如此，麦积山这里还有丰富的石窟文化，在本文中，作者从麦积山的由来到自然环境都展开了具体的描写。

一场烟雨，麦子返青了；又一场烟雨，麦子扬花了。

天上有星河，地上有麦浪。布谷鸟开口一唱，老家天水就成了麦场。①一夜间，千千万万个麦垛拔地而起，在遥远的地平线与满天星斗壮丽会师，天地因之合二为一，一时分不清星斗是麦垛，还是麦垛是星

❶ 作者运用拟人的修辞手法，把麦子拟人化，通过“拔地而起”“会师”这两个词可以看出麦子的长势很壮，一夜之间就开始生长。

斗。而浓郁的麦香早已被渭河、西汉水的浪花轻轻挽起，烟雨一样轻笼黄河长江，千里迢迢奔向遥远的大海。大海，顿时烟波浩渺，天水相连。

奔！在老家有另一种意味：奔头，是过日子，就看麦垛高不高。

我宁可认为，这便是麦积山名称的由来了，料想全世界找不出第二个这样的“麦垛”，它高达 142 米，在山峦环绕、群峰拱卫的缓冲地带中，孤峰突起，仿佛把天水八千年的历史和收成摞在了那里。作为中国“四大石窟”之一，麦积山石窟有别于莫高窟、云冈石窟和龙门石窟，①那镶嵌在直立峭壁上的 200 多个窟龛，便是硕大的麦穗儿了；那饱满盈实的 7800 多尊泥塑，便是麦粒儿了；那崖顶郁郁葱葱的原始丛林，便是麦芒了。古人云：“先有万丈柴，后有麦积崖。”可见先辈们凿窟塑像的艰辛、虔诚与悲壮，而农家摞一个麦垛，也要搭梯的，垛越高，梯越长。我自问：“这整整一座山，是在诠释‘民以食为天’吗？”

在陇上，“麦积烟雨”雄列秦州八景之首，彼时烟云袅袅，细雨绵绵，宛如仙境，而藤蔓一样缠绕在峭壁上的空中栈道，便是通往仙境的天梯了。但是，唐代诗人杜甫云：②“乱水通人过，悬崖置屋牢。”一个“屋”字在提醒你，这个开凿于十六国后秦时期，历经北魏、西魏、唐等朝代不断凿修的“东方雕塑馆”，其实是家园的。杜甫百年之后的五代、宋、明、清时期直至今日，人们对这个家园的呵护从未停息。只是，请进石窟的

❶ 作者运用排比的修辞手法，不仅写出了麦积山的“麦穗”之多，还分别从麦穗、麦粒、麦芒三个层面来写，排比句增强了文章的气势。

❷ 作者直接引用杜甫“乱水通人过，悬崖置屋牢”这两个句子，能够很好地总结出陇上陡峭的空中栈道的情景，也丰富了文章的内容。

不是人，而是佛。

佛是谁？佛是人间所有的烟雨；人又是谁？不妨静下心来，问佛。

烟雨之烟，乃人间烟火；烟雨之雨，乃天上来水，而老家恰恰就是诞生古老哲学“天一生水”的地方，这大概也是天水名称的来路吧。作为中国最早的创世神、“三皇”之首伏羲故里，这里的所有传说一粒粒的、一穗穗的、一垛垛的，比如一画开天、结绳记事、织网捕鱼、匡正嫁娶……这是人间的烟雨，也是烟雨的人间，在这样的烟雨里，顽强的老秦人奠基伟业并在秦始皇时代一统天下，又由于“天水，国之姓望也”，鼎盛一时的大宋王朝因此被誉为“天水一朝”，而在这片土地演绎而成的《八卦图》《璇玑图》，至今无人能完全揭开它神秘的面纱。一面乃一烟，一纱乃一雨。这是天与水，你怎揭它得开？

往事总是如烟的。崖山一战，蒙元亡宋，天水再次成为一个历史性的节点和标志。陈寅恪云：“故‘天水一朝’之文化，竟为我民族遗留之瑰宝。”所幸到了明代，华夏香火重燃，而烟雨已是另一番烟雨。老百姓说：①“无烟，就没有香火；无雨，就没有日子。”

❶ 通过引用老百姓说的话，这两个排比句最直接地写出了麦积烟雨和人们的生活是息息相关的，烟代表着烟火气息，而雨则是给麦子提供了生长的水源。

小时候，家里的年画多半是麦积烟雨的主题，可我总以为那样的“麦垛”比村口的麦垛大不了多少。读初中时，幸而有机会春游麦积山，老远望去，悬在栈道上的万千游客，才不过麦粒儿那么大。

师者问：“谁能回答，此刻的你们，是什么？”

我立即醒悟过来，抢先发言："是麦粒儿。"

"那，我们此刻在哪里？"

"麦场。"

师者笑了，一脸麦积烟雨的样子，同学们像麦田一样沐浴其中，能感觉到彼此的拔节、抽穗与扬花。当大家成为麦垛的时候，也该有各自的烟雨了吧。

"多少楼台烟雨中。"千百年来，有关麦积山的历史典故像层层麦浪，滔滔不绝。那一年，朋友想投拍一部[1]秦腔电影，故事取材于麦积山第44号窟乙弗氏的命运，大意为：东魏、西魏两国争相交好柔然国，以抗对方，西魏文帝元宝炬无奈与柔然和亲。在柔然公主和柔然大军的威逼下，元宝炬忍痛废太子、弃皇后。深明大义的乙弗皇后为了天下太平，远避麦积山为尼，最终自焚明志。

"天性之真，人性之善，母性之美。"这是后人对乙弗皇后的评价。

朋友说："这是麦积悲歌，也是麦积圣歌，是不是可以从中选个剧名呢？"

"悲，也烟雨；圣，也烟雨。"我说，"难道还有比《麦积烟雨》更好的剧名吗？"

在我看来，自有麦积烟雨那天起，剧幕早已拉开。

❶ 秦腔别称"梆子腔"，是中国汉族最古老的戏剧之一，"秦"字由来是因为古时陕西、甘肃一带属秦国，秦腔的表演多具有生活气息。

延伸思考

1. 在本文前几段的记叙中，作者眼中麦积山的由来是什么？

2. 文中有一段写到了自己和老师之间的对话，通过这段对话，能够体会到什么？

澎湖湾的外婆

名师导读

“坐在门前的矮墙上，一遍遍幻想，也是黄昏的沙滩上，有着脚印两对半，那是外婆拄着杖，将我手轻轻挽……”一首熟悉的旋律涌上心头，这是《外婆的澎湖湾》，相信，不少人听到之后会轻轻地跟着合唱，在这首歌曲里面有太多关于外婆的美好回忆，而作者也有自己的外婆，在本文中记录了自己和外婆之间的趣事，通过语言文字能感受到作者对外婆深深的怀念。

外婆一定是在澎湖湾的，这样的错觉像真理一样，让我无由不信。

无论我身处何方，对外婆的怀念恍如“坐在门前的矮墙上”，而且“一遍遍幻想”，眼前也不是老家天水的黄土高坡，而是“晚风轻拂澎湖湾，白浪逐沙滩”。

年少时刚刚学唱《外婆的澎湖湾》，我的外婆却离开了人间，那时的我虚头巴脑地酷爱艺术，可找遍所有关于外婆题材的表达，发现唯有《外婆的澎湖湾》才能抵达我的内心：①“那是外婆拄着杖，将我手轻轻挽，踩着薄暮走向余晖暖暖的澎湖湾……”也曾暗自算过，幽居大陆腹地的天水与镶嵌在台湾海峡的澎湖湾，直线距离至少在四千里以上，真是八竿子打不着的，而外婆生活半径的极限，也只到过一次西安。澎湖湾到底算什么湾，外婆一定没有任何概念。一首歌，就这样以地老天荒般的力量和旋律，成为外婆的天堂。

❶ 作者直接引用《外婆的澎湖湾》里面的歌词，通过这一段歌词，把读者的思绪带回到那个外婆和自己相处的日子里，也能够看出作者对外婆的思念。

也是巧了，外婆家的村子叫湾子，冥冥中与澎湖湾共享一个“湾”字。小村只是在三十里铺和四十里铺之间的拐弯处安营扎寨，于是叫湾子了。②一条沙土路由东向西穿村而过，埂子西头是大片的芦苇荡，村东的埝渠上有两台古老的水磨，北边是一条不知从哪里流过来的耤河。那是我儿时见过的最大的河，雷雨季节，它玩命地冲开堤坝朝两岸的庄稼施暴，一到春冬，便累得像一根遗失在乱石和浅滩上的瘦缰绳，只是结冰时，那蜿蜿蜒蜒的晶亮，如大地睁开的明眸，与天上的银河比对光芒。

❷ 作者对外婆家的村子进行了非常细致的环境描写，从这一大段的描写中能看到外婆居住的地方是非常贴近大自然的，这一段细致的环境描写能够说明作者小时候经常和外婆一起生活。

那便是外婆的世界了，也是我曾经的世界。

当时的外婆尚未到“拄着杖”的年岁，却常常“将我手轻轻挽”，往往是去埝渠洗衣裳，或者去自留地摘茄子，再或者，磨面，“直到夜色吞没我俩在回家的路上”。她一路讲给我的神奇故事，往往从“好早以前，后头庄里”开始。后头庄里是外婆的娘家，那里“有我许多的童年幻想”。

外婆其实是大家闺秀的，却遵“女子无才便是德”

的家训，大字不识一个。从20世纪40年代到60年代末，外婆一口气给我生了七舅两姨，还有我的母亲。我索性把众舅们归了类，四舅以上统称大舅舅，四舅以下统称小舅舅，其中七舅年龄小于我，便甘拜下风喊我哥。和小舅们惹猫逗狗免不了的，逼疯了，我就背水一战，喊着外婆的名字大骂。唯有那时，外婆才决然变脸，揪着我的耳朵吼："我的名字是给你取的？你给我滚！"

①可我愤然回家不到三天，就梦到外婆了，还会梦到沙土路上奔跑的大卡车，梦到和小舅们去耤河玩水，还有四舅的藏书、大舅的板胡、二舅哼唱的"蓝蓝的天上白云飘，白云下面马儿跑"什么的。而外婆也会把话捎来："还是来吧！"来是来了，但是和小舅们的热乎不过三顿饭，又斗得鸡飞狗叫。

外婆便叮嘱四舅："②给小业障一本闲书，安稳一下，免得上房揭瓦。"

外婆看透了我的小脾性。有书在手，纵有炮火连天，我也无动于衷，但我偶尔也会"扑哧"一笑，有时为书中的趣闻，有时为小舅们两败俱伤的号哭而幸灾乐祸。"扑哧"之后，我照样回归于沉静。

外婆就叹："这娃见了书就乖得不成样子，也不晓得是谁转世的。"

二十多年前我远赴天津工作，便很少有机会再去湾子，但造访台湾的机会却频频增多。每次从台北奔高雄，大巴都要沿台湾海峡南下，途经嘉义，对岸就是澎湖列岛了，但见几十个小岛影影绰绰，烟波浩渺。

台北朋友告诉我："我发现兄的目光定神了，如果

❶ 从这些细节描写中能够看到作者和外婆的相处时光是非常美好的，虽然上文中和外婆发生了一些小矛盾，但几天不见也是对外婆异常的想念，说明外婆和"我"的情感非常深厚。

❷ 作者直接引用外婆说的原话，整句话非常具有生活气息，也能够看出外婆对"我"的了解，知道"我"是喜欢看书的孩子。

不出海，澎湖湾的真容是看不清的。”

我答非所问：“我的外婆已经去世三十多年了。”

“不！兄的外婆在澎湖湾呢。”

我轻轻握紧了台北朋友的手，一时泪眼迷蒙。再眺澎湖湾，外婆分明在着的，她在椰林里，在沙滩上，而那位老船长，该是我的外爷吗？

我轻轻唱起了[①]《外婆的澎湖湾》，全车人的目光齐刷刷投向窗外，并卷入了大合唱。人人都有自己的外婆，可我的外婆就是我的外婆，不是别人的。目光穿过台湾海峡，便是大陆，便是陇原，便是湾子了。[②]恍惚间，湾子的白杨林变成了椰林，地埂变成了海浪，鸡冠花变成了仙人掌，似闻外婆的声音传来：“……免得上房揭瓦。”

倘若外婆在世，老人家该“拄着杖”了，可我连给她送一根杖的机会都没有。

“下次来台，我一定领兄去澎湖湾看看。”台北朋友说。

我哪敢应允，怕只怕找遍澎湖湾，却还是一首歌。

❶《外婆的澎湖湾》是根据中国台湾歌手潘安邦童年在澎湖与外婆祖孙情深的故事改编而来，歌曲表达了对美丽的澎湖湾可爱家园的赞美之情和对童年美好时光的回想。

❷这一段是作者的想象，在这一段的描写中能够看出作者对外婆深切的思念，作者虽在台湾，但自己的思绪却回到了和外婆一起生活的湾子，外婆的声音仿佛就在耳畔。

延伸思考

1. 在这篇文章中，作者记叙了自己和外婆之间的哪些趣事？

____

____

2. 透过本文的记叙，作者表达了自己对外婆的哪些情感，请结合文章说说。

____

____

仙人送灯

名师导读

在南崖脚下，修建了燃灯阁，夏季和秋季，深夜的时候，天然的磷光和油灯相互辉映，人们传说是神仙拿着灯来了。在本文中，作者用一个一个的传说和民间故事为读者介绍了“仙人崖”到“仙人送灯”。读者也能够在这些神秘的故事中找寻仙人的足迹。

送灯的不是凡人，是仙人，那是仙人送灯。

这样的崖，便叫仙人崖了。①据说仙人们大白天驾云御鹤寰宇遨游，晚上会穿越月亮、星星做客仙人崖，他们行如云，坐如钟，卧如莲，手里的盏盏仙灯，会发出神秘而温馨的光芒。

❶ 作者简要地介绍了关于仙人崖中仙人的传说，能够让读者更加了解仙人崖，也使得仙人崖更加神秘。

仙人崖作为老家天水的“秦州八景”之一，我年少时曾去过一次，却没遇到仙人，自然与仙人送灯无缘。有人告诉我：“谁让你大白天去哩，你晚上去试试。”话似乎有道理的，可我终究没敢摸黑探进仙人崖，那里奇峰林立，崖悬洞幽，树高藤长，万一遇不到仙人遇到熊咋办？再万一，真遇到仙人了，又该如何？

天水“十里不同天”。记得几个峰回路转之后，习惯了黄土高坡的我瞬间就被秦岭一隅小陇山的松海柏涛惊傻了眼，当赤壁丹峪、五官迥异的仙人崖赫然扑入眼帘时，竟疑似梦中。仙人崖与中国“四大石窟”之一的麦积山近在咫尺，由“三崖”“五峰”“六寺”组成。①“三崖”者，东崖、西崖、南崖也；“五峰”者，玉皇峰、宝盖峰、献珠峰、东崖峰、西崖峰也；“六寺”者，木莲寺、石莲寺、铁莲寺、花莲寺、水莲寺、灵应寺也。“五峰”与罗汉沟的大小十三峰叠加呼应，恍如集体揖拜玉皇峰，人称“十八罗汉朝玉帝”。伴随着木鱼声声、紫香袅袅和经声琅琅，那些静孵于崖翼崖檐之内、盘踞于峰腰峰巅之上的大小寺观，让魏、唐、宋、明、清诸代的殿宇、塑像、壁画呈现出儒、释、道三教合一的大观气象。清末陇上大儒王了望在此留有一联，云：“处处无非菩萨海，山山尽是普陀崖。”先贤佳句，道破仙人崖的万般妙处。

❶ 作者用了三个排比句，给读者介绍了“三崖”“五峰”“六寺”的构成，还增强了文章的气势。

只是，不见仙人不见灯，我怎得甘心？

左右回首，惊见西崖、东崖的崖面呈蜂窝状，如箭矢之伤。导游一叹：“那是万千窟龛，不幸毁于火灾和疯狂的盗窃。仙人崖的鼎盛期，咱没赶上。”意思似乎是，假如回溯千百年“赶上”鼎盛期，许有一睹仙人送灯的可能。我当场借问仙人送灯的典故，说法竟也不一，②有的说，当年有看破红尘者幸获仙人送灯，超度成仙；也有的说，当年有忠良之士为免遭奸佞陷

❷ 作者用三个排比句把人们对于仙人送灯的典故的不同看法和故事都写了出来。用排比句不仅增强了文章的气势，还再次印证了仙人崖和仙人传说的神秘性。

害而落难于此，得仙人送灯而安度余生；还有的说，当年……太多的当年，独不闻当下。

南崖侧翼，有仙人送灯的燃灯阁。站在燃灯阁门口举目四望,天地苍茫,仍不见一仙一灯。有道士曰:“仙人送灯，脚下有路。”我眼前似乎一亮，疑有光亮袭来，那仙，那灯，会是这片土地上曾经点亮华夏文明之光的伏羲、女娲、轩辕吗？会是在关陇大地探寻崛起之路的秦非子、苻坚、隗嚣吗？会是在猎猎秦风中面对万顷芦苇荡吟诵“蒹葭苍苍，白露为霜”的陇右先贤吗？如若是，那便仙亦灯、灯亦仙了。仙人一旦走过，大路便通四方。

东崖和西崖之间有个磨针殿，相传便是当年那位神奇的白发婆婆“铁杵磨针”点化少年李白之处。很多举家出游者，多愿意揪着顽童的耳朵入殿，其意自不待言。而殿外，倒是有一位摆摊卖浆水面的老婆婆，一聊方知，老婆婆家住仙人崖附近的朱家后川，祖辈务农为业。我连吞四碗浆水面之后，老婆婆笑了:“学生娃就得能吃，能吃才能读书。”

我说:“您说错了，常言道：能吃能干活儿。”

“我每天在这里看仙人送灯，还能说错话？”

我惊问:“您……真见过仙人送灯？”

老婆婆没正面作答,却讲了个故事,说是很久以前,有个天水少年远避喧嚣来仙人崖苦读，他的勤勉用功感动了一位美丽的仙女。每天晚上,仙女都要送灯前来,红袖添香，研墨助读，后来少年金榜题名，娶仙女为妻……这是仙人送灯故事中最完整的一个，可那位少

❶ 作者在这里列举出了周朝先哲尹喜，秦祖、壤驷赤和石作蜀，李白等，来证明天水自古多才俊，通过这些例子能够增加文章的真实性。

年是谁？老婆婆却笑而不语。[1]天水自古多才俊，史载就有“天下十豪”之一的周朝先哲尹喜，孔门“七十二弟子”中的秦祖、壤驷赤和石作蜀，亦有汉赋大家赵壹、唐代诗人李白等。据说明末肃王朱识鋐落难仙人崖时，曾留下“政令全提，长安市上作宾作主；宗风大振，陇右山中学释学儒”的对联，但并没听说有谁与仙女牵手一场。而老婆婆的故事却在我心中悄然发芽，每每秉烛夜读，疑有衣袂飘飘的仙女送灯而来，明知虚妄，却是心灯一盏。

也曾遍查有关仙人崖的资料，独不见仙女送灯的故事，便怀疑老婆婆哄我。回想自己光阴虚度，庸碌无为，似也活该一哄。多年后旅居遥远的渤海之滨，有次回乡和朋友重游仙人崖，但见寺观修葺一新，[2]游人如织，峰崖间的栈道、石阶两旁多了很多灯笼，高高的燃灯阁更是花灯竞秀，疑似换了人间。行至磨针殿前，一丝莫可名状的怅然袭上心头——当年老婆婆摆卖浆水面的地方，变成了一个凉亭。

❷ 游人如织形容游人多得像织布的线一样，密密麻麻，能看出仙人崖非常出名。

“多年过去，你说的老婆婆恐怕不在人世了。”导游说。

可朋友却笑了：[3]“那位老婆婆，便是送灯的仙人啊！”

❸ 作者在这里直接引用了朋友说的原话，也正是这句话点醒了苦苦寻找仙人的“我”，这位老婆婆通过故事来激励后人奋发图强。

说话间，似有万千仙人翩翩而来，那满山的灯笼分明是拎在仙人手里的。一群天真烂漫的少年走过，我想，那其中会有当年的我吗？

假如有，谁来讲仙人送灯的故事呢？

延伸思考

1. 在本文里，作者引用了大量的典故和传说，能够起到怎样的作用？

2. 在结尾之处，作者和朋友分享了关于仙人送灯的故事，为何朋友笑着说老婆婆便是送灯之人？

石门夜月

名师导读

古人对月夜是有很深的执念的，在辛弃疾的词里这样写道“明月别枝惊鹊，清风半夜鸣蝉”；而李白眼中的月夜则是“明月出天山，苍茫云海间”；白居易眼里的月夜是“可怜九月初三夜，露似真珠月似弓”，可见不同的文人墨客对于月夜下的所思所感都有所不同，而本文中作者对于石门月夜有着怎样的感触呢？

一定是月亮在敲门吧，门一开，进来的果然是一轮明月。

门外是天，门里是地。仙人在门外，凡人在门里，但门里门外一抬头，都能望见月亮。这其实是一幅画：[1]《石门夜月图》，月是中秋月，朗朗的圆。打我记事起，此画就是外爷家厅堂主墙正中的五尺江山，直至外爷、外婆相继仙逝，舅舅才轻轻把画收起。

小时候，我并没读懂《石门夜月图》，只觉得画中

❶ 石门夜月指的是每逢中秋，远眺之时能看到皓月自东方冉冉升起，似玉盘腾空，恰镌两峰之间，皎光四射，格外晶明。

的石门山高大得很，盘腿论道的仙人淡定得很，依山错落的殿宇悬乎得很，而月，也就是个月罢了。可外爷告诉我："此画一挂，世事其中。"他讲了一个故事，说是很久以前，人宗爷伏羲和人宗婆女娲兄妹二人在天水结为夫妻，一个演绎八卦教人耕织，一个团土造人繁衍人丁。可是每到夜晚，却迟迟不见月亮，人们在漫长的暗夜经常惨遭洪水猛兽的偷袭。后来，女娲发现月亮被天水东边的石门山所阻，便请来盘古，用斧子把石门山劈成两半，月亮得以从石门复出。再后来，轩辕黄帝的玄孙女嫦娥为了答谢天水老百姓，经玉皇大帝许可，常带领天女们给天水散花，还邀来仙人们在天水与民同乐。天女散花处，就是后来的麦积山；仙人聚会处，就是后来的仙人崖。时至今日，嫦娥每天晚上都会准时从石门进来，把月光洒满陇原大地……

①故事伴着当晚的月，小院的石榴树下一片清辉，月华如碎银散玉般在我们身上流淌跳荡，晶晶的亮。我说："这月光也是从石门那边来的吧？""那当然的。"外爷说。一时间，连南房前的石阶、北墙下的葡萄架、东边的柴房、西屋窗前的三弦古琴，似也平添了几分说不清楚的神秘意味，后来我倒是想清楚了，可能是清雅，或者高贵。

❶作者运用比喻的修辞手法，把月光比作碎银，生动形象地突出了月华的闪亮，同时又把月光拟人化，写出了月光的灵动和跳脱。

外爷满肚子都是《山海经》《拾遗记》啥的，但在儿时的我看来，这个石门夜月的故事多少有点玄，嫦娥是普天下的嫦娥，仙人是芸芸众生的仙人，咋偏偏就青睐一个小小的天水哩。外爷一句话就把我挡了回来："没有天水的伏羲爷一画开天，小小晚辈嫦娥往哪儿奔月去？”

我这才知道，外爷祖上乃书香门庭，民国初年家道中落。其时外爷的祖父为躲避战乱匪祸，曾多次避难归隐石门，两位哥哥从军关外，也不知所终。有一年，外爷徒步百里亲往石门寻祖访亲，才知宗亲入陕，外爷顿时大放悲声。有位道士同情外爷遭遇，遂从文昌阁取出亲手绘制的《石门夜月图》赠予外爷，外爷则给道士们吼了一遍秦腔《伍员逃国》。①外爷说过，有了这幅画，那些颠沛流离、浴血疆场的亲人们，就像在着的，明月从石门进来，一照万里，终归能照到他们身上。

❶ 通过外爷说的这句话，能够看出《石门夜月图》不仅是一幅画，更是一份思念，代表着的外爷对颠沛流离、浴血疆场的亲人们的一份念想。

外爷对月亮的感情，从他给后辈们取名设字就看得出来。他养育了十个儿女，其中我母亲和两个姨的名字中都有一个“娥”字，后来母亲自作主张把名字改得时尚了些，惹得外爷很不高兴，叹曰：“人世如夜路，无月不行。”

少年时代的那个初夏，我终于以旅游者的身份，走进了石门。

这才获知，石门夜月乃“秦州八景”之一。②所谓石门，其实是南北对峙的两座千仞高峰，确如两扇顶天立地的门扇。两峰之间有凌空飞架的原木廊桥，疑似天上云岚，名唤聚仙桥。南峰之巅有玉皇阁和三官殿，北峰顶上有无量殿、灵官殿、文昌阁、三清殿和钟楼。另有北峰、麒麟峰等大小群峰拱卫“二门”四周，如槛，如窗，如阶，如轴。麒麟峰的崖翼处有两个洞，一洞名唤盘古洞，内供女娲娘娘，另一洞据

❷ 作者运用比喻的修辞手法，把高峰比作顶天立地的门扇，生动形象地写出了这两座高峰的高大，通过这一段环境描写，能够看出石门夜月的奇特之处。

传乃药王孙思邈游历之所。史载，石门作为道教圣地，鼎盛于南宋，足见道家遗风可追溯更久更远。从殿宇内供奉的仙人名号看，似能找到外爷所讲故事的来路，此路，直通那幅《石门夜月图》。

攀爬至聚仙桥头，现一亭，亭匾由清代天水文人张世英所题，曰：陇月先得。

好一个陇月先得！[1] 我的思绪如平地旋起的西北风，在外爷的故事里直奔月宫。

❶ 作者把自己的思绪比作平地旋起的西北风，这个比喻不仅写出了“我”的思绪转动之快，还体现了外爷对“我”的启迪之大。

可我把这个故事讲给导游时，漂亮的导游却笑了：“不对！太不对啦！嫦娥可不是省油的灯哩，咱有铁定的故事哩。”所谓铁定的故事，大致意思是：很久以前的某个八月十五日，饮酒过量的嫦娥、八仙一行赴蟠桃盛会途经石门山，嫦娥因酒力发作东倒西歪，时值百姓赏月，为了遮掩嫦娥出洋相，八仙分别从黄山、泰山、峨眉山、华山、青城山度来峰、松、石、土布置成秀丽的石门山遮挡月光。这事让吴刚恼羞成怒，挥斧把石门山劈为两半，嫦娥乘机逃回月宫……导游不忘补充：“咱石门，可是集天下名山之美于一身哩。”

导游一口标准的普通话，却让我犯了迷糊。故事中神圣的八仙是否在糊弄百姓，美丽的嫦娥是否不守规矩，耿直的吴刚是否一错再错，的确考验我的智慧，至少在我看来，石门夜月的清雅、高贵与神秘性被导游一风吹了。而且，故事本身不仅与殿宇内供奉的仙人们对不上铆，也与“陇月先得”的要义离题万里，所谓“集天下名山之美于一身”更是让石门的妙处反而变得莫名其妙。可是，我尚无勇气借《石门夜月图》

一辩，毕竟，作为画主的外爷，不过是一位读过私塾的庄稼汉罢了。

从石门归来，我把导游的故事讲给外爷听。他久久凝视《石门夜月图》，半晌才开腔："导游，是做啥的？"

"专门引导游客读懂石门夜月的。"

"只要不是月光下讲的，就随她吧。一个人一个月。"① 外爷叹一声，"陇月先得啊！"

身在异乡，我倒也常去天水，却再也没去过石门。只怕进得了石门，却走不出那幅《石门夜月图》了。

❶ 通过外爷的神态和语言描写，体现了外爷对导游说的故事不赞同，并且再次提到"陇月先得"，和前文中张世英所题相互对应，体现了陇上看月光时优越的地理位置。

延伸思考

1. 外爷和《石门夜月图》之间有着怎样的渊源？请简要说说。

2. 在文章最后一段，作者写到了自己再次到天水却从未去过石门，这是为何？可以看到作者怎样的思想感情？

南山古柏

名师导读

南山古柏位于天水市南郭寺，又名春秋古柏，这棵古柏树的同根有三枝树，这棵树距今已经有2500多年，南侧的一枝被古树专家评价为“活着的化石，有生命的瑰宝”。无皮而生，十分奇特，南北走向，呈倒八字的长势。在本文中，作者围绕这棵古柏树讲述了不同时代的文人对古柏树的描写。

寺在天水南山，且不谈寺，先说寺院里的古柏。

① 你瞧那令人心碎的容颜：无皮，干瘪，瘦骨嶙峋，强打精神。说不定在哪个早已注定的凌晨或黄昏，古柏它……它的挽歌就会落幕于不经意间，然后呢？人间只剩下一段与它有关的传说，再然后，传说还会有人传、有人说吗？

❶ 作者对古柏树的外貌进行了描写，通过这四个词语，能够看出此时的古柏树即将死去，处于一种干枯的状态。

我曾多次在古柏前徘徊，过了月门便是名唤北流泉的一口古井，有时我会坐在古柏与北流泉之间，轻轻托起下巴，那样子难免会让人误以为我是一位深刻的诗人，尽管真不是装出来的，的确也算是白深沉了，可当年杜甫在古柏前的深沉却能变成这样的千古佳句：“山头南郭寺，水号北流泉。老树空庭得，清渠一邑传。秋花危石底，晚景卧钟边。俯仰悲身世，溪风为飒然。”

李白是否也在古柏前深沉过，无考，但在我看来，越是无考越疑似他曾神秘地来过，此地——当年的“陇西成纪”毕竟是他的故里。有一首名唤《南山寺》的诗，传为李白所作，诗曰：“[1]自此风尘远，山高月夜寒。东泉澄澈底，西塔顶连天。佛座灯常灿，禅房香半燃。老僧三五众，古柏几千年。”如此有板有眼，诗中的东泉当为北流泉，西塔当为如今早已无存的隋塔，而彼古柏，就是我眼前的此古柏了。

❶ 作者引用了李白《南山寺》的原句，体现了天水南郭寺优美的自然环境，虽然世事变迁，但是这棵古柏却屹立了几千年不倒。

就是说，古柏早在“李杜”时代已“古”了“几千年”，如今它不仅依然“古”在“几千年”后的现场，而且以“南山古柏”的名号成为“秦州八景”之一。看一眼古柏，品一口北流泉的井水，仿佛刚刚和“李杜”擦肩而过。其实，杜甫的巨石雕像就在古柏一侧，他这是要陪古柏到……到死吗？陪北流泉到……到干吗？当年杜甫寓居天水时一口气写了117首诗，之后的诗作再也无涉天水，因为杜甫死了，他陪不起古柏，他变成石头与古柏厮守之后，也许吟诵了更多“老树空庭得”那样的诗吧，古柏能听懂石头，可我们听不得。凡人变成石头，万难了。

也且不谈古柏，说说一枚土黄色的书签。

年少时，有次在外爷那里翻看一部线装版的《封神演义》，①发现书中夹着一枚柏叶，清幽的柏香氤氲在繁体字的汪洋里，便是不一样的书香了。外爷告诉我："这是书签，你看到哪一页，就把它夹在哪一页。"

我说："正儿八经的书签不用，为啥非得用这四仰八叉的小小柏叶哩？"

"你这不瓜娃子嘛！这是南山古柏的叶子，天上飘下来的。"

一枚柏叶，让我读书的状态多了某种说不清楚的敬畏和神秘性。据说早在民国初年，也就是外爷弟兄三人陆续从军之前，太外爷对他们要求极严，晚辈们一日不读圣贤，必然竹板伺候。那时的天水读书人一般要做两件事，一是前往天水西关的伏羲庙拜谒人宗爷，二是徒步南山三拜古柏，再捡一枚凋零的柏叶夹在书中。万众拜谒伏羲，至今仍然是天水人生活中的盛事，但读书人捡柏叶的事儿，我还真很少听说。外爷说："你们这代人，还算读书人？你们没听说的事儿，多了。"

要说古柏也真像一部天书的，不知从哪朝哪代起，②古柏的躯体像是从头到尾劈为两半，呈半匍匐状朝南北两个方向横逸指天，其状如鹰之两翼，欲飞未飞。朝南的一半躯体在高高的枝头玩命挑起一抹绿色，朝北的一半则不可逆转地变为生命的遗骸，如崖之欲倒，但一块古石碑从躯体底部奋不顾身地扛起了它，碑顶竟被树身深情地揽入体内，耿直的脖颈和昂扬的头颅，恰恰被一棵古槐分叉展臂，鼎力高擎。就这样，③古柏一半生，生在大地；一半死，死在天上。生，在着，

❶ 作者从视觉和嗅觉两个方面来写古柏叶子，视觉上是写看到了书里夹的古柏叶子，嗅觉指的是闻到了清幽的柏香。

❷ 在这段话里，作者介绍了古柏被从头到尾被劈成两半，却仍坚强地活着，又运用比喻的修辞手法把古柏比作鹰的翅膀，形象生动地写出了古柏树干的粗和大。

❸ 作者通过排比的修辞手法，写出了古柏代表着的生和死之间的关系，看似生和死是相互矛盾的，但是在古柏身上则像寓意着万年长。

好像不在；死，不在，好像在着。生死好像曝光在一刹那，生死好像寓言到万年长。

这还不算。古柏分身处兀然冒出一树，皮青枝茂，它既不是古柏的分枝，也不属古柏的基因，而是一棵大西北罕见的朴树。更让林木专家百思不解的是，不知从何时起，一棵名唤卫矛的古树鬼使神差般出现在古柏西北角，俨然卫士执矛，职守岗哨。卫矛本来是一种只有南方才有的小灌木，可它却独自改变生命密码，脱胎换骨，长成了绅士般的高杆乔木……

按照道家的说法，世间无奇可言，只有道。古柏一分为二而不倒，古碑、古槐、古朴树、古卫矛对古柏里外护佑而不弃，此道中蕴藏的因果故事，必当是惊天地泣鬼神的，却不见任何史载，但天水的一位读书人给我讲了这样一个故事，说是唐王李世民时期，尉迟恭和秦琼上得南山，分别把坐骑拴在古柏的两个枝杈上，结果不甘约束的坐骑一南一北分头狂奔，把古柏撕成两半……

唯一的故事，竟是这般的无厘头。如果古柏身裂分南北的奇观异象始于李世民时期，那么，后来者李白、杜甫眼里的古柏，岂能是诗句里安详、淡定的模样？

有方家叹曰："道可道，非常道啊！如果说南山古柏是一道题，其实我们很多人都答错了。南山古柏，是不是愤而自裂的呢？"

而关于古柏的来历，记得有这样一种说法：春秋时，在函谷关做关令的天水人尹喜协助老子完成了[1]《道德经》，老子知恩图报，倒骑青牛西行天水，在

[1]《道德经》以"道"解释宇宙万物的演化，还包括大量朴素辩证法观点，对中国哲学的发展有重要影响。

南山一隅的荒山秃岭架起炼丹炉，为天水的读书人苦炼文曲丹，眼看大功告成，他施咒借问土地爷："文曲丹炼好了没有？"万没想到有个以砍柴为生的樵夫抢先回应："这里没有文曲丹？只有精屁脸红山。"话音刚落，丹灶崩裂，山峦尽赤，变成了如今的赤峪沟。前功尽弃的老子泪如雨下，瞬间就把红山冲刷得玲珑剔透，如精雕细凿一般，变成了如今的奇特地貌"眼泪罐"。老子挥别天水继续西行前，让弟子们在天水广植松柏榆柳之木，以解民众烧火做饭所需，而自己亲手栽的一棵柏树，就在南山。多少年过去，城里城外的树木在战乱、饥馑中命途多舛，但谁也不敢把刀斧伸向南山古柏……

大凡传说，必然十口百调，比如流传更广的传说中，老子是要给天水人炼金山银山的。外爷说："传说，就看谁在传，谁在听。想钱的人，就传成了金银；想读书的人，就传成了文曲。"他问我，"你倒是想哪个呢？"

这样的话题足够让人愣神，我突然发现，自己少小年纪，其实已经成了俗人。

事实上，老子在天水的遗风存脉还真不少。①天水有个以老子的字命名的地名，名唤伯阳镇，有个纪念尹喜的寺庙，名唤尹道寺，而大大小小的老君庙更是随处可见。天水作为羲皇故里和道家渊源，我宁可相信老子是来过天水的。我后来忍不住再次向外爷求证："南山古柏，真是老子亲自栽的？"

❶ 作者举出了两个具体的例子来证明老子和尹喜在天水这个地方留下的遗风存脉，通过这两个例子，能够增加文章的真实性。

"这事，不能问真假的。咱也是从书上看的。"

"啥书？我咋就没听说呢？"

外爷"哈哈"大笑:"你才读过几本书啊!"

当我提出要读这本书时,外爷立即噤了声,目视苍天,一言不发。后来还是母亲告诉我,"破四旧"的那个冬天,①家里的几个大土炕几天几夜都是热的,外爷却不愿上炕取暖,炕洞里,燃烧的是祖上数代传下来的几麻袋藏书珍本和母亲用小楷毛笔创作的秦腔剧本……

❶ 通过这个事例,能够看出外爷对书本烧毁之后的难过之情,也能看出外爷是一位热爱书籍,喜好读书之人,丰富了外爷的人物形象。

可是,柏叶——那枚书签却留下来了。

不记得是哪一年,远道而来的北京专家对古柏进行了测定,明确古柏乃稀世珍宝,树龄约为2500年,其价值堪比位于陕西桥山的黄帝手植柏。于是有人给古柏另取一名,曰:春秋古柏,并特别说明"相当于孔子时代"。对这样一个石破天惊的消息,外爷竟然无动于衷,他足足吸了半个时辰的水烟,这才说:"老子、孔子都是同时代的圣贤,你倒是说一说,用老子时代好哩?还是孔子时代好?"

我初不解,继而恍然大悟。②在外爷看来,作为诸子共仰的老子,不仅和天水有着千丝万缕的关联,而且把伏羲创世的天道法则演绎到了极致,如若真给南山古柏冠以时代标识,当以"老子时代"为妙。他说:"人间世事,就一个道字,那是天理。但历代皇上最怕天理自然,从汉武帝开始,皇上们就拿好端端的孔子骗读书人。被骗的,都是读假书,假读书的。"

❷ 这一段是对外爷的描述,在外爷的眼里,老子比孔子更能够代表这千年古柏,从这一段的描述中可以看出外爷是一个博览群书的人,对事物有着自己的看法。

南山古柏原本不是谜的,却因了读书人的缘故,反而成谜了?那年冬上陪朋友登南山,但见树下凋零的柏叶,零零星星,仿佛刚从上界天书中飘落大地。

我捡起一枚柏叶，方知手里并没有书，不免有些尴尬。我试问朋友："你说，这些柏叶，像什么？"

真担心朋友提供的答案并不是书签，幸而他气沉丹田沉湎于求神拜佛状态。我这一问，自然随风而去。抬望眼，寺院三进七院的庞大古建筑群翘脊飞檐，三座面北背南的山门气势恢宏。寺名南郭寺，正门前的巨石上镌刻四个大字：陇上古刹。

而南山古柏问道人间，先于南郭寺约1300年。

延伸思考

1. 从这句话"那时的天水读书人一般要做两件事，一是前往天水西关的伏羲庙拜谒人宗爷，二是徒步南山三拜古柏，再捡一枚凋零的柏叶夹在书中"能够看出古人对古柏有着怎样的情感？

____

____

2. 在这篇文章中，作者还写到了自己的外爷，请简要说说你认为外爷是个怎样的人。

____

____

秦亭听雨

名师导读

秦亭位于福州，自然风光优美，有着丰富的林木资源。在本文中，作者写到了秦亭的草，以秦亭的草为出发点，写出秦亭的历史文化发展轨迹，而尤其是在雨天的草，更是让作者联想到“一岁一枯荣”的名句，而秦亭也记录着一个朝代的兴起和灭亡。

走过秦亭那天，逢雨，“哗哗啦啦”的样子。假如这是两千八百年前的雨，会是老秦人高擎的一碗清水吗？那该是多大的一个碗啊！

清水作为老家天水属地，我二十年前并没少去，却未曾一睹秦亭的尊容。记忆中的清水荒山秃岭，闭塞无闻，既然连轩辕故里的始祖遗风和汉时清水儿郎赵充国的卓然英气都感受不到，秦亭又当如何？这次重返清水，是因了清水朋友的一句话：“一定来看看，不一样了。”①到了清水，果见峰峦叠翠，草长莺飞，

❶ 在这一段的环境描写中，作者把公路比作玉带，延绵不绝。可见清水这个地区自然环境非常优美，具有很强的地方特色。

玉带一样的等级公路穿山绕峡，冷不丁就会与一处处、一幢幢红砖青瓦的亭台楼阁相遇。那种“柳暗花明又一村”的感觉，疑似错入江南。

与其说我要寻找秦亭，毋宁说要寻找秦亭的草。其实，不用我像当年那样苦苦寻觅，而一棵棵青草早已扑入眼帘。这是秦亭的草，它扎根大地，从容如碑。

“一岁一枯荣”，但这里的每一棵草，分明在指点江山。

人，不光靠天吃饭，还要仰仗马打天下。而马，仅仅靠草为生。那么，草呢？靠雨。我在听雨，却像在听天。

雨，忽大忽小，忽下忽停。我终于有机会注意到秦亭的一棵棵青草在雨中生长的气质和姿态。① 草尖上的雨滴时而再生，时而滑落。所有的青草都在风中摆动，像是呼唤着饥饿的万千马匹，像是迎接久违的牧马人，像是当年挥汗如雨的老秦人挥舞着手中的连枷、木叉、长戈、刀剑……

❶ 作者对雨中生长的青草描写细致，写出了青草生长的茂盛，把青草比作牧马人、老秦人、万千马匹，为我们讲述了一段历史故事。

恍惚间，一位古代青年男子从地平线上走来，他身材单薄但不失稳健，表情谦和但不失刚毅。他头戴草帽，身披蓑衣，衣着简朴，一手牵着大白马，一手拎着锄头。而背景，就是秦亭一带无垠的草场和马群。雾霭中，有马的嘶鸣声、铃铛声和老秦人古老的歌谣。歌谣里，似闻当年陇右大地伏羲创世、女娲补天、轩辕诞生、尹喜东行的壮举，似闻《诗经》中呈现的“在水一方”……

这位普普通通的牧马人，会是秦非子吗？

中国人都知道千古一帝秦始皇，却很少有人追溯为他奠定了鸿基伟业的秦人先祖们魂游何方。古人云：“秦历九邑”。像极了九场大雨。王国维在《秦都邑考》中亦云：① “曰西垂、曰犬丘、曰秦、曰汧渭之会、曰平阳、曰雍、曰泾阳、曰栎阳、曰咸阳。”这其中的西垂、犬丘、秦三邑，均在陇上天水一带。而秦，即秦亭之秦。“陇右山川尽姓嬴。”老话了，但入主咸阳的秦始皇一定不会想到，多年以后，人间以行政区划名义残存的秦人符号，只剩下了秦亭。秦始皇更不知道，我这个现代儒生正在雨中胡思乱想，当然，他最容不得儒生胡思乱想。

❶ 在这里作者直接引用王国维《秦都邑考》的原句写出陇上天水一带有着丰富的历史文化底蕴。

雨中有风,风中有雨。我不知道那是老秦人的浩歌，还是呜咽。

也许，这样的雨，是必须要用来听的。车窗外，秦亭一带的丘陵、沟壑、山坡上，绿色植被恢复到让我惊讶的地步。公元前897年，周孝王封秦非子为附庸并委其在这一带养马，而当年的离离原上草，一定也是今天这个样子吧。② 雨大时，漫山遍野的青草漠漠的一大片，如烟似雾，像生命的汪洋大海；雨小时，能看到青草的茎脉和叶片，如大地的羽衣，沐浴着来自上天的甘霖。

❷ 在这里，作者用两个排比句分别写出了雨大时和雨小时看到的青草的不同状态，同时，把青草比作汪洋大海和羽衣，写出了青草茂盛的样子。

人间，很难找到如此古典而又现代的一棵棵青草了。当年,无论秦非子还是后来的秦公伯、秦仲、秦庄公、秦襄公诸等，在西戎、绵诸戎的重重包围之中，既要寄人篱下协助周天子牧马守疆，又要护佑一亩三分地中的黎民百姓。从君主到百姓,皆不分等级,布衣粗食,励精图治，终于在三百年后的秦襄公时代，一鼓作气冲出天水，跨越关山，入主关中。在后来长达二百多年的群雄逐鹿中，秦国不仅成为“战国七雄”之一，并在后起之秀秦始皇时代一统天下。

可偏偏，大秦帝国鼎盛于秦始皇，也毁灭于秦始皇。水在天上为雨，雨在地下为水，周而复始，天道轮回。大秦一定是有梦的，“九邑”九梦，可到了咸阳，梦却被雨打风吹去。

贾谊在《过秦论》中曰：[1]“仁义不施而攻守之势异也。”此论可谓振聋发聩，让当时的汉文帝乃至后世历代帝王心惊肉跳，视为箴言。也就是说，大秦经过变法治国，本来形势向好，可秦始皇却摈弃前代先王的“仁政”之策，逆行独断，一尊自大，焚书坑儒，以暴虐治天下，导致举国壅闭，百姓敢怒而不敢言。秦二世元年，一个小得不能再小的小人物在距秦亭三千里之外的蕲县大泽乡喊出了两句著名的话，一句是“天下苦秦久矣”,另一句是“王侯将相宁有种乎”。

❶ 作者引用《过秦论》中的句子，引出了下文中描写秦朝慢慢走向衰落的原因，丰富了文章的内容。

那个小人物，叫陈胜。当时，陈胜和区区九百名贫苦农民青年被发配北上戍边，因连日暴雨而延误了时日，干脆在大泽乡揭竿而起，顿时举国呼应，大秦劫数难逃。我想，大泽乡的雨声一定很大，但那是丧钟的声音；秦亭的雨也一定小不到哪里去，却唤醒了这里的草、马和秦人。

老子曰：“道可道，非常道。”秦始皇显然懂的，否则他在大肆焚烧先祖典籍时，绝不会轻易放过老子的《道德经》。巧的是，恰恰是清水人尹喜促成了《道德经》的诞生。《史记·老子传》曰:“子将隐矣，强为我著书。”《庄子·天下》把老子、尹喜并称“古之博大真人”。所谓“老子天下第一”，那是因为老子只有一个，可一个当皇上的非要自诩“老子天下第一”，等来的必然是一场摧枯拉朽的暴风骤雨。那样的雨滴，像《过秦论》中结冰的文字，字字如刀，刀刀见血，一滴一滴的，那可不是雨。要说雨，那是血雨。

秦始皇作为秦人后裔，祖籍意义上也算是尹喜的晚辈兼老乡了。可他得了道,也同时失了道。几千年来，历代皇权总是上演着得道与失道的悲喜剧，否则就不会有那么多血雨腥风中的朝代更迭。秦亭的一位老者告诉我:“那是因为，打天下时学了秦先祖，守天下时学了秦始皇。”

距离秦亭不远，有个尹道寺，专为纪念尹喜而建。据说千百年来时毁时建，如今的尹道寺规模太小，寂然无声。我说:①“山不在高，有仙则灵啊!”

想去尹道寺，却被大雨阻隔，终未能成行，只闻雨声随风传来，如老子、尹喜二位“古之博大真人”如切如磋。我蓦然想起一支古琴曲,竟是《高山流水》。雨,落高山;雨,也落流水;雨,落过去;雨,也落当下。

这样的雨，原来也是知音的，就看落在秦亭还是大泽。②君王如若开明守道，人间处处便是秦亭;君王如若利令智昏，尘世处处便是大泽。

雨，终于小了些，淅淅沥沥的样子。“咴儿——”。秦亭的一大片草原上突然出现了许多马，它们多像秦非子时代的马啊!俊朗，魁伟，自由徜徉。清水人告

❶ “山不在高，有仙则灵”这句话出自刘禹锡的《陋室铭》，在这里作者引用这句话说明了尹道寺规模很小，但是尹道寺的名声却流传久远。

❷ 作者通过这两个排比句写出了君王开明和君王智昏，不同决策的重要性。

诉我:“这片草原,我们命名为冯河草原。”所谓冯河,只是秦亭的一个小村。

我长叹一声:“还是叫秦亭草原吧。”

清水人在秦亭旧址建了一个亭子,名曰:秦亭。亭中安放北魏太和年间的残碑一块,曰:秦亭碑。[1]残碑字体莫辨,像一簇从岁月里半开半合的花儿,一朵,一朵,又一朵;半朵,半朵,又半朵。清水人对此唏嘘不已。我说:“残碑也是碑,只是,您希望从中找到什么呢?”

❶ 作者把残碑上面的字体比作一簇花里的一朵和半朵,生动形象地写出了一种残缺的美。

我和亭子合影时,亭里亭外俨然两个世界,唯有雨声如故,芳草青青。

“花石崖还没去哩,也算咱清水一景。”朋友催我。

我说:“咱还是听雨吧。”

延伸思考

1. 从“歌谣里,似闻当年陇右大地伏羲创世、女娲补天、轩辕诞生、尹喜东行的壮举,似闻《诗经》中呈现的‘在水一方’中你能看出什么?

____

____

2. 作者为何说“大秦帝国鼎盛于秦始皇,也毁灭于秦始皇”?

____

____

大地湾的声音

名师导读

大地湾遗址位于甘肃省天水市，是国家重点文物保护单位，在这里，发掘出很多文化遗址。大地湾遗址的发掘对于建立渭河上游史前文化序列，研究黄河流域新石器文化的产生、发展以及探索中华文明起源的历史进程具有十分重要的意义。在本文中，作者介绍了一种独特而古老的乐器——哇呜，究竟什么是哇呜？就让我们跟着作者一探究竟吧！

一种声音，炊烟一样从东半球西部的一个湾里袅袅升起，让我想到地球是个发音的陶罐。谁晓得大地上到底有多少个湾？①但故乡天水秦安县的大地湾，却像陶罐上仰面朝天的一个吹孔，“哇呜——哇呜——”，一响，便是八千年的薪火相传，像一个山高水长的诺言。

❶ 作者将大地湾比作一个吹孔，生动形象地写出了大地湾发出的声音之大，同时把它发出的响声比作山高水长的诺言，写出了大地湾对于当地人们的重要性。

“听哇呜吧，你会晓得天是圆的，地是方的。”老人们说。

于是我蒙昧的童年懂得了迷恋窗花外的一米阳光，它从天上来，从东走到西，从早走到晚，日子就在早晚之间静静地安放在大地上，有热炕，米酒，小道，屋檐水，还有牛羊。哇呜声传四方，先人用嘴，我也用嘴。吹响的，是一种鸡蛋大小的陶器，有两孔的，多孔的。八千年后的倒数第某个年头，我在欧洲欣赏一场来自中国的民乐演奏，轮到一首古曲时，一种古朴、苍凉、浑厚、悲怆、悠长的旋律，像天籁从混声中分离出来，扇动着神秘的翅膀，在异乡低空飞翔。五湖四海的观众顷刻归于沉静。我哑然，这传说中的埙音，不就是现实中的哇呜声吗？

现代文明对埙的解释是：① 中国最古老的一种吹奏乐器，有七八千年的历史，八音之中，埙独占土音。我内心已经固执地反驳了：哇呜，它就叫哇呜！但我曾经并不晓得，这就是来自大地湾的声音，我更不晓得这种声音伴随着新石器时代先人们的步履，翻关山，蹚渭河，再伴着黄河的涛声进入中原，把伏羲一画开天、女娲团土造人的传奇变成人类文明的宣示。老人们早就说过的："大地，就是一把土，我们是土做的，哇呜也是土做的，它就是大地的声音。"我咋会懂这样的哲学呢？我只是母亲的一次创造，尚不晓得地有多久，天有多长。

❶ 作者引用了现代文明中对于埙的解释，从这个解释中可以看出埙的发展是非常古老的，埙和土地之间的联系也非常紧密。

"秦安的货郎担来啦——"

当年——20 世纪七八十年代吧，村口常有这样的信息。伴随这信息的，必然是老人和娃娃的对话：

"给娃儿换一个哇呜，用两个麻钱。"

“我给爷爷吹一个啥曲儿呢？”

“吹啥，算啥。非得要吹个啥，那还叫哇呜吗？”

这么说着，①漫山遍野的哇呜声已经荡开去，像风一样掀起黄土高坡的层层涟漪。吹哇呜的娃娃像大地的旗手，挺立风中，梦想和日子此起彼伏。我不晓得还有哪个年代的娃娃能像我的童年时代那样人手拥有一个或多个乐器：埙、胡笛、二胡……假如你看到一个娃娃的腮帮鼓满了全世界的风，那就是我。如果不是我，便是你。大地拥有我和你，就像我和你拥有大地。

❶ 在这里，作者写到了漫山遍野的哇呜声已经在黄土高坡处传播开来，把这片哇呜声的传播比作风，通过写风掀起黄土高坡的层层涟漪，来说明哇呜声的广泛传播。

八千年光景水一样过去了，一个堪称个例的故乡水落石出。20 世纪 80 年代进城或赶集时，亲眼看到一些人在距离我们村十几公里外的西山坪、师赵村一带空旷的田野里深挖细剖，后来方知他们是中科院考古队的专家。他们努力的结果不亚于引发了世界文明史上的一枚炸弹：这里的史前人类部落遗址，与毗邻百里的大地湾彼此呼应。大地湾的信息就这样朝我扑面而来，据说，20 世纪 50 年代某个普通的早晨，与阳光一起散落在大地湾一带农民矮墙上、茅坑边、牛棚里、炉灶旁的各种彩陶盆、灰陶罐以及地埂下悄然入梦的碎陶片儿，瞬间把甘肃省文管会专家的眼球撞成了血与泪的花瓣雨……一个②石破天惊的结论诞生了：大地湾文化上开中原仰韶文化之先河，下启陇上马家窑、齐家文化之滥觞，早于陕西的半坡文化一千多年。2007 年的那个夏天，一个不知深浅的青年人满怀狐疑地靠近了大地湾，始知大地湾遗址仅仅发掘了

❷ 最早是指古乐器箜篌弹奏出来的声音高亢激越，后用以指使人震惊之意，也形容文章议论新奇惊人。作者在这里是想表达这个消息使人震惊。

总面积的 1.34%，却已经宣告了诸多中国之最：最早的旱作农作物标本、彩陶、文字雏形、宫殿式建筑、“混凝土”地面、绘画……而那 98.66% 的大地至今长醉不醒，湮没于骡子的铃铛、庄稼的私语和崖畔上的鸡啼。青年在猜想，假如它有朝一日彻底醒来，一湾的呼吸，会是超越八千年、上万年的肺活量吗？那该是怎样的一次发声亮嗓？

青年人迟到了，因为年轻。当他突然明白先祖在语言和文字尚未形成的蒙昧时代，不得不用诸如哇呜这样的象声词代替各种称谓时，一滴清泪飘落大地，成了一个湾，除了我，没人晓得这个咸咸的湾有多大。因为那个青年人就是我。和人文始祖诞生于同一个故乡，是我此生最大的传奇；和先祖遗踪的天日重现如此偶然地邂逅于同一个时代，也让我途经人间的意义，成了一个谜。

“哇呜——”[①] 这来自秦安县五营乡大地湾的泥土之音，是在诉说吗？证明吗？启蒙吗？当传说中的伏羲、女娲时代，以接近历史的名义与大地湾的文化根脉链接时，我分明看到启肇文明的火光在渭水流域奔跑，开天辟地的石斧在关陇之巅舞蹈，包罗万象的八卦在天水城头闪耀。天水作为伏羲、女娲故里的定义，是一个多么惊世骇俗的古老事件？巧合也好，吻合也罢，永远不变的是大地湾的声音，以风的名义传递着洪荒分娩文明的喘息，传递着原始之血“汩汩”的流淌声，传递着一个时代存在的秘密。[②] 站在传说中伏羲演绎八卦的卦台山上眺望现实的大地湾，代表天的

❶ 作者连用了三个疑问句，面对这些问题，作者在下文中都有描述到，连用三个问句，也能够让读者有思考的时间。

❷ 作者列举出来了大地湾具体的代表，从这些代表中我们可以看出，大地湾具有丰富的文化意义，它不仅仅是一个湾，由大地湾衍生出了万物。

乾、代表地的坤、代表水的坎、代表火的离、代表雷的震、代表山的艮、代表风的巽、代表沼泽的兑等神秘符号飞舞而来，而我等又怎能走出视野的局限和思想的混沌？女娲抟土造人时，动了多大脑子啊！她没忘给我们的脑袋上捏了两个湾，一只是耳朵，另外一只也是耳朵。谛听，是为了期待我们茅塞顿开，大路四方。

先祖洞穴中传出的一种声音，曾惊着了当年的考古队员："这是啥声音？"

"哇呜。"农民回答。

"哇呜是啥？"

"风。"

"风？"

"风在拉家常，笑一阵，哭一阵。"

雷声在天庭，水声在沟壑，火声在森林。有谁，能在天地间找出第二种比风更为持久、旷远、亲近的声音？冥冥中，我似乎悟出了一点，伏羲、女娲兄妹何以择风为姓。大地湾的一些地方，自古以来是叫风台、风谷、风茔的。自古到底有多古，一曲哇呜，就晓得了。从茹毛饮血到刀耕火种，从世事混沌到男耕女织，所有的悲欢离合、喜怒哀乐，在生命的一段段曲谱、一支支歌谣里。东汉许慎云："①庖牺氏（伏羲）所作弦乐也。"西晋王嘉《拾遗记》云："庖牺氏（伏羲）灼土为埙。"先秦史官《世本》云："女娲作笙簧也。"于是有人问我："埙、筝、琴、笙这些人类早期乐器，为什么会和天水有关？"我没有心思参与讨论，因为

❶ 作者引用三个作品中关于埙、筝、琴、笙这些人类早期乐器的描写，能够凸显出，这些早期乐器是伴随人们的生活产生的，已经成了密不可分的一部分。

我发现，历史进入二十一世纪的今天，哇呜基本在民间消失了。几次回故乡，①我问村口的娃娃："吹过哇呜吗？"

"没有。"

娃娃反问，"啥叫哇呜啊？"

"那……晓得埙吗？"

"不晓得，这个字咋写？"

一段往事，突然撞上心头。当年有个小伙伴的哇呜吹得最好，他所有的哇呜都存放在一个彩陶罐里。据他爷爷讲，彩陶罐连同哇呜是他爷爷的爷爷的爷爷在一场山洪过后捡来的，谁晓得祖祖辈辈吹了几百年还是几千年？到了改革开放时代，盗墓贼来了，文物贩子来了，更可怕的是，各种各样的文明人来了……

"不吹了，哪有闲心啊，人人都跟日子玩命呢。"

八千年的声音，就这样在发展与速朽、进步与断裂的全球化时代沦陷于另一种洪荒。都在往前奔，没人等待灵魂跟上来。不久前，②我在北京的一场高雅音乐会上再次听到了埙音，顿时毛发直竖。抬望眼，文明的大幕被闪亮的银钩束起，我却不知今夕何夕。有人喟叹："伏羲、女娲时代与炎帝、黄帝时代之间长达三千年人类生存谱系留下的巨大空白和盲区，到底是怎么回事？"我报以苦笑。这世间最不堪回首的，恰恰就是哭比笑多的往事。何止三千年，就是三百年前、三十年前的历史真相，我们到底揭开了多少？毫无疑问，岁月必将把我们打造成未来八千年的祖宗，后人对我们的考察，是否如我们般幸运地以大地为背景倾

❶ 通过这一段直接的对话描写，能够看到以前家喻户晓的哇呜，现在已经逐渐淡出人们的视野了，也反映出传统文化正在慢慢消亡。

❷ 通过作者的神态变化，可以看到事隔多年后，再次听到埙的音之后，作者的震惊和惊讶，"毛发直竖"也能突出埙音有着打动人心的力量。

听一种声音，我没有勇气妄论。尽管，我们总爱被一些美丽的梦想簇拥。

我不希望大地湾的声音成为这个时代虚伪的怀念，我宁愿历史永远活在传说里，传说远比历史真诚得多，与八卦一样不朽。一旦哇呜响起，我们就晓得，大地，是一个大大的湾，无论祖先多么古老，后人多么年轻，都是四世同堂。“哇呜——哇呜——”，炊烟升起，一定是起火做饭了。

我学着祖先的样子选择了东迁，到了大地的另一个湾。[1] 每次返乡，都要在旅游商店里买一个复制的哇呜。其实，我一直想从博物馆搞一个真的，和祖先一起吹，在大地上，朝下一个八千年。

❶ 通过这一个细节描写，能看出作者内心对故乡仍然有着一份眷恋之情及对故乡传统文化的尊重。

延伸思考

1. 经过考古学家的研究，在大地湾发现了哪些文化？

______

______

2. 通过文章中的这个句子“到了改革开放时代，盗墓贼来了，文物贩子来了，更可怕的是，各种各样的文明人来了……”你能看出什么？

______

______

第三辑 妙趣山水

我像极了从云端不慎飘落到大地的一只眼睛，回望来处，唯见苍穹一线，白云悠悠，却不见一脊一瓦。我在想：那高高的云端之上，真的会是胜利村人的故乡吗？

作家带你练

【2016年天津市和平区九年级一模卷】

阅读《烟铺樱桃》一文，完成下面小题。（15分）

烟铺樱桃

①久居津门，经常会收到来自故乡天水的特产。

②于是，在不同的季节，我身边的天津卫们都能在第一时间与我共享来自故乡的种种滋味儿。这些年，大家品尝最多的要算樱桃了——烟铺樱桃。

③“味道好像不一样，但一时说不出来。”为什么非得说出来？如果一定要说烟铺樱桃个大、形正、色绝、味美、肉厚，岂不俗了？人间最是有滋味儿的东西，往往只可意会的，意会比言传要可靠些。

④人间四月天，故乡的电话翩然而至：“来烟铺看樱桃花海吧，万亩呢，整个的罗玉沟，盈盈的白。”我无法想象居城郊罗玉沟的小村，怎样被万亩的樱桃花海簇拥，也无法判断如此壮阔，绵延的乡野花事，对于生活在钢筋水泥丛林中的城市人是怎样的一种意味。身居千里之外的渤海之滨，我的目光只能通过网络图片在烟铺徜徉。这是航拍镜头下的烟铺之春：坡上坡下，崖前崖后，烟铺的世界被一

种纯粹的白轻轻笼罩着，那是一种与众不同的白，像雪，但不是绵密型而是飘洒型的；像云，但不是堆积型而是卷层型的；像洁白的羊群，但不是拥堵型而是悠闲型的。山梁在花海中时凸时无，如岛似礁；曲径在花海中时隐时现，如龙似蛇……我倏然一惊，这是烟铺的樱桃花海吗？它分明是浩渺无边的人间烟火，轻轻的，漠漠的，漾来漾去，漾出一个烟铺，一道罗玉沟。

⑤“樱桃好吃树难栽。”难的，其实是日子。儿时在故乡，樱桃比珍珠难觅，外婆家的后院奇迹般长着一棵樱桃树，四月亮花，五月挂果。在那清贫的岁月里，外婆常常用一个小盅盛得三四，作为招待上宾的美味。乡野的花事，多是做酸菜的苦菜花。苦菜，如今是物质社会里诗意盎然的一种生活调剂，但它的本质容颜，却是清苦岁月的全程记录。据故乡的朋友讲，当年的许多荒山秃岭，如今都变成了花果山：苹果、梨、桃、山楂、樱桃……说到这里，朋友的口气转了个弯儿：“苦菜花儿，也开得欢呢！”

⑥这话是有味道的，我当然听得出来，樱桃的甜和苦菜的酸，都在日子里。

⑦小小樱桃，能让一个普通小村在市场社会换了人间，许多人引以为奇，但在我看来，奇在烟铺，就不为奇了。村口，那块立于1963年的石碑上的文字依然醒目：烟铺村遗址。这样的标识无心之人永远不会懂的。中国的老村何止千万，但能够留下史前文明的原始村落你到底见识了多少？七八千年前母系氏族的先人们选择在这里居住，一定比我们更明白这里的水土、阳光、风雨与生存、生活是什么样的联系，一定比我们更清醒狩猎之后的种植业，在茹毛饮血之后对大地的选择、判断与定位。几千年来，多少村落在生存的逻辑中“香消玉殒”，烟消云散，而表面上与其他村落没有任何迥异的烟铺，三尺黄土之下的陶罐、陶瓶等原始信息和人类文明的密

码，却依然在着，烟铺的烟火，依然在着。天水人告诉我，每当樱桃花事正浓或硕果累累的时节，常有各类艺术家们到烟铺去写生作画、吟诗作赋。我想，当烟铺的樱桃落在画布上，掉进诗丛里，聪明的作者一定会想到那些陶罐，几千年前的先人们，也是选择了烟铺，并把对大自然的美好记忆，变成了陶罐上的各种图案和文字。

⑧我不知道，人间还有哪里的樱桃，能让你找到穿越时空的力量。你如果真的懂得人间，懂得日子，懂得岁月，不妨从天水城北侧绕道进入罗玉沟，置身一花一草，感受山鸣谷应。你或许早在几千年之前就有了，或者，你只在几千年之后才会诞生。你会判断：我来这里，是为樱桃，还是为烟铺？烟铺，一“烟”，一“铺”。天水诸县，每隔十里，多有以“铺”字辅助命名的古驿站，如十里铺、三十里铺、五十里铺，到了这里，成烟铺了。你不得不承认烟铺是一种证明，其现实性和象征性直逼你想象的极限。樱桃在烟铺，无论土著、移栽还是引进，无论红灯、美早、早红、巨红……只要拥有了烟铺户籍，那就是不一样的樱桃了。

⑨有件事，记着的。我曾收到一位故乡读者用纸箱寄来的烟铺樱桃，由于包装不专业，樱桃挤压成了黏稠的泥汤。寄件人附信曰：“秦先生，如果樱桃吃不成，但一定能闻到味儿的。”

⑩一句话，烟铺樱桃的芬芳，立即把我轻轻合拢。打开时，方知在异乡。

1. 阅读④到⑧段，说说作者围绕烟铺樱桃写了哪些内容。（3分）

2. 文中④段画线句运用了哪两种修辞手法，有什么作用？（4 分）

____

____

3. 文章⑨⑩两段在全文中有什么作用，请从结构和内容两个方面具体分析。（4 分）

____

____

4. 下面对文章的理解不正确的两项是（　　）（4 分）

A. 第③段“人间最是有滋味儿的东西，往往只可意会的，意会比言传要可靠些”，意思是烟铺樱桃的香甜美味，是用语言无法说清楚的。

B. 第④段一组排比句，“像……，但不是……”，意在写出烟铺樱桃花海有着与众不同的白。

C. 第⑤段写，儿时在故乡，樱桃比珍珠难觅，与故乡漫山遍野的樱桃树形成对比，写出了故乡生活发生的巨变。

D. 第⑤段说，苦菜的本质容颜是清苦岁月的全程记录，意思是苦菜不应成为诗意盎然的生活调剂，而应是苦难生活的见证。

E. 文章结尾，烟铺樱桃的芬芳，既是烟铺樱桃的香气，又是来自故乡的气息。

名师带你读

烟雨崆峒道谁知

名师导读

崆峒山，位于甘肃省平凉市，是丝绸之路西出关中之要，自古就有“中华道教第一山”之美誉，崆峒之地孕育出了关于治国之道和养生之术的理念，后代也有不少人到崆峒探索道，作者本人也想一探究竟，却不巧，遇到了雨天，崆峒洞内外变得模糊了起来，烟雨之中的崆峒洞内又有怎样的风景？那就跟着作者一起看看吧！

---

❶ 作者分别从视觉、听觉、触觉三个角度，写出雨天崆峒洞内的环境，以及崆峒洞内陡峭难爬。

知道，不知道。众生芸芸，谁人？对这个道，一知或尽知。

六月麦黄天，我与京城的几位文学前辈来到久旱的平凉崆峒山，却偏逢烟雨三天。①崆峒内外雾锁雨铸，耳听得雷声隐隐，山鸣谷应。沿着陡峭的石阶，紧紧攥着冰湿的铁索，一路攀爬。喘息间，带着某种祈念回首，但见天地相连，茫茫然不见一物。整个世界空空洞洞，洞洞空空。

我陡然一惊！崆峒与空洞，世界与无物；崆峒与无物，空洞与世界。这是我本次拜访崆峒的初衷和发现吗？这是有所知道，还是有所不知道？这是我的自觉醒悟，还是崆峒诸仙悄然给我的谜底？冥冥中，似有信息在对接，在呼应。记得之前浏览崆峒史料，有崆峒山“空空洞洞之意，合道家清静无为”的诠释。此刻，那些被历代文人墨客万般描绘的九宫、八台、十二院、四十二座建筑群、七十二处石府洞天，均化为无形，无影，无踪，疑似过于遥远的传说。

天梯半途，峭壁上的“黄帝问道处”巨幅石刻扑入眼帘，尽管山岚环绕，好在隐约可辨。驻足，无语，敬仰。——黄帝问道，这是崆峒“中国道教第一山”称谓的硬道理，也是崆峒别于他山的标志。此刻的雨，不大，也不小。因为不大，你可以保持自信，尽力登高；因为不小，你方知举步维艰，世事难料。“黄帝问道处”周围的杂树杂花，挂满寄托人们心愿的万千红布条。来自天上的雨，“唰唰唰”地落在红布条上，稍作停留，“唰唰唰”地，又落到地下。它带着声息而来，最终，又无声无息地回到天上。

①道，是什么？是此刻的崆峒呈现给我的大无世界吗？知，又是什么？是紧紧包裹着崆峒山的烟雨吗？我显然失去了判断的自信，空留无序地问之又问。唯一清醒的是，足下此山，不是过往岁月里游览过的这

❶ 作者通过四个疑问句，来探寻世间的道和知，通过这四个疑问句，能够看到作者内心对道和知的执着追求。

山那山。这里因为问道得人，问道得魂，问道得仙，问道得天下。问道，使崆峒成为道家的唯一。

纵看不见身外的万物，却感觉自己的内心，被神秘的道所弥漫和浸润。对黄帝问道之壮举，顿生感慨。几千年了，轩辕黄帝不是别的而是轩辕黄帝，这是他个人乃至华夏子孙的福分和真理。他已经战胜了蚩尤，早已名冠四海威震八方，仍然不辞艰辛辗转来到陇上，躬拜崆峒。他不甘于既有的已知，他要知道，于是拜问正在修炼的广成子。广成子释道授秘曰：①“至道之精，杳杳冥冥；至道之极，昏昏默默；无视无听，报神以静，行将自正；必静必清，无劳汝形，无摇汝精……”据说，时有两只玄鹤，闻道即刻成仙。毫无疑问，秦始皇、汉武帝、司马迁等君主方家登临崆峒，必是慕道而来。

❶ 作者直接引用广成子教授的话来解释何为道，何为知，通过这段话可以看到，道德精髓和追求也是在修炼自己，想要探求道和知，必须品行端正。

慕道如我秦岭者，亦对黄帝问道所得拜读多遍，只是，我等纵拜读万般，尚不知梦中的彼岸。知道者，必是个别；不知道者，必是多数。个别和少数，少数和多数，世界因此而有了层次和秩序，而我们这些多数中的一分子，觅得自己在凡尘中的坐标，竟是这般之难。觅与难，所谓人生，无不跌宕起伏。

②进得崆峒，出得崆峒；内观崆峒，远眺崆峒，崆峒的大致面貌是什么，因了这场烟雨，一切“杳杳冥冥”“昏昏默默”，全然没有印象。

❷ 作者从四个不同的方位来写崆峒，不管是从内还是外，以及进、出两个方位，在这场烟雨之中，崆峒都变得神秘了起来，最后归到“杳杳冥冥”和“昏昏默默”之中。

这样的烟雨，隐含崆峒的道吗？高人解曰：无知方为有知，君不见此行平凉的京城三老中，作家从维熙的“熙”下面火焰熊熊，有雨方能中和。评论家雷达的姓名更是“雷”至雨落。而编辑家崔道怡的姓名，不偏不倚，居中一个“道”字了得！

我骇然，当初邀约三老去平凉前，我断不曾想到，有烟雨在等着三老，或者，三老会把烟雨带去。也许，烟雨崆峒，既是秘密，也是答案。[1]平凉的主办方把此次采风谓之“美丽平凉六月行”，而所有的美丽恰恰就笼在烟雨的面纱里，崆峒之道，成为这个六月里我们最美丽的遐想和追问。

时过三日，我们登上了西安飞往北京的航班，飞机刚抵北京上空。地面指令却要求立即返航，理由是京津地区突遇十年不遇的雷雨。飞机只好绕了半个中国，重新返回西安。机场内外，怨声载道，而我与三老观书、品茶、聊人间可聊之事，淡定如闲云野鹤。来遇烟雨，去遇烟雨。无知有知，姑且认下。困居西安的当晚，平凉负责接待的朋友在短信中说：“各位离开平凉后，雨过天晴，能见度极好。”

只是，有了能见度而没有了烟雨，我们何能感受那红布条上有声而来，无声而去的雨滴？我宁可认为，飞机返回西北大地，这是我们与崆峒的另一种作别。

❶ 作者运用比喻的修辞手法，把烟雨比作面纱，生动形象地写出了烟雨为崆峒增添了一丝神秘的色彩，也能够凸显烟雨已经和崆峒融为一体。

延伸思考

1. 作者认为崆峒山的美，美在哪里？

2. 面对返航时，飞机因京津地区大雨要重新返回西安，大家都怨声载道，为何“我”却坦然处之？

渭河是一碗汤

名师导读

渭河是黄河的最大支流。发源于甘肃省定西市渭源县鸟鼠山，主要流经今甘肃天水，陕西省关中平原的宝鸡、咸阳、西安、渭南等地，至渭南市潼关县汇入黄河。都说一方水土养一方人，而这里的人们也是靠着渭河而生活。作者一开始并不知道渭河起源于甘肃，而且对比黄河等水源的源头，渭河的源头更加独特。

当我相信它是一碗汤时，我已离开了它，却从此有了故乡。

“他要了五分钱的一碗汤面，喝了两碗面汤，吃了他妈给他烙的馍。”这是初中时从课文《梁生宝买稻种》里读到的一段话，一种感同身受的强大气息吸附了我，但随之而来的文字仿佛又把我推开：“渭河春汛的鸣哨声，在人们不知不觉中，增高起来了。”①罢了！活该自作多情，像这种与河流有关的信息，怎会与我有关

❶ 从这个句子中，我们可以看出作者对河流有些抵触和敏感，因为作者从小生活在干旱的陕北地区，水资源极度匮乏。

呢？儿时远离河流的干旱之苦，让我对形同传说的河流天生敏感。第一次知晓，传说中的渭河，原来真是在人间的。

始知渭河，源自少时读《山海经》:“夸父与日逐走，入日，渴，欲得饮。饮于河、渭，河、渭不足，北饮大泽。”河，指黄河；渭，指渭河。渭河居然与黄河齐名，该有多长，有多大啊！

我忍不住向一位学长求证:“渭河，离我们这里远吗？”

“远着哩，真正的渭河在陕西，那是大地方，能不远嘛。外边很大，咱这里很小。”

“那……陕西在哪里？”

“没去过。”学长反问，“你以为课本里的渭河就是咱这里的渭河啊？”

逻辑似乎是：陕西、甘肃各有一条渭河，两者本不相干。尽管这样的答疑明显带有对我的不屑，却让我意外获知，[1]甘肃原来也是有渭河的，这让我宿命地感到自己作为甘肃人的局限和迟钝。后来在天水读师范，得悉不少甘谷、武山、北道的同学家在渭河之畔，这让我好奇得不行。陕西的渭河无缘一见，“家门口”的渭河无论如何要一睹真容的，不为梁生宝，为自己。1987年，我和甘谷同学李文灏相约去十几公里外的北道看新落成的渭河大桥，我没有告诉他我内心的秘密：我的目标不是桥，是一条河：渭河。

❶ 从这个句子中，我们可以看到作者其实对自己有很深的反思，虽然自己是甘肃人，但却不知道甘肃也有渭河，能够看出作者有认真思考和学习的习惯。

“家门口”的渭河果然很大，比故乡山脚下的耤河大多了。我问李文灏:“这条河流向哪里？”

“大海。”

这样苍白的答案，他也说得出口。百川归大海，海再大，岂能大过期待与内心？

“我指的是下一站。”

人间就一条渭河，它的根系，它的枝干之始，它的血脉之源，不仅在甘肃，就连发源地也在天水眼皮子底下的渭源县，渭源渭源，可不就是渭河的源头嘛！而我们村子距离渭河的直线距离，不到二十公里。①当再次重温渭河两岸有关伏羲女娲、轩辕神农、秦皇汉武的种种传说、典故、民谣时，渭河突然变得更加陌生了，就像失散多年的爷俩突然路遇，更多的是惶恐和局促。原来世界并不大，别人拥有的太阳，也在我们东边的山头升起；别人拥有的月亮，也照样在我们树梢挂着。

❶ 当作者再次重温渭河两岸的神话传说时，运用了比喻的修辞手法，把自己和渭河的认知比作成爷俩失散多年的突然相遇，更多地写出了对渭河的惊讶和感叹。

仿佛一觉醒来，我在渭河的远与近、大与小和它与生俱来的神秘里流连忘返。难道渭河刚刚从渭源鸟鼠山奔涌而出，就是这等八百一十八公里的长度、十三万多平方公里的流域面积，并横穿八百里秦川从潼关扑入黄河吗？非也！五百万年前，如今的渭河流经之地，居然是黄河古道，黄河从兰州向东，经鸟鼠山继而东行。从新生代开始，造山运动让秦岭抬升为陇中屏障，迫使黄河一个华丽转身蜿蜒北上，经贺兰山、阴山由晋北顺桑干河入大海。再后来，由于内蒙古乌兰察布地区隆起，黄河转而南下直奔潼关。②一位地理学家告诉我，黄河、长江的源头拥有很多天然内流湖泊和高原冰川，万千支流多有涵养水源。而渭

❷ 作者通过对比的修辞手法，分别写了黄河长江的源头是来自内陆湖和高原冰川，而渭河虽为黄河最大的支流，它的源头却是季节性的降雨积累而成，更能体现渭河水资源的珍贵。

河不是，作为黄河最大的支流，它的源头恰恰在“定西苦甲天下”的西部最干旱地区，它一路走来，途经甘、宁、陕三省的八十多个干旱区县，拾荒似的玩命汇集成从沟壑崖畔之下眼泪一样的一百一十多条支流，而这些支流大都不是地下水，而是从天而降的星星点点的雨水，他们伴随着季节而来，伴随着闪电与雷声而来，伴随着大地的渴望与喘息而来……

我信了这句老话：所谓“黄河之水天上来”，实质上是“渭河之水天上来”。

❶ 作者用比喻的修辞手法，把渭河比作搭在黄河肩头的一袋面。这个比喻，生动形象地写出了渭河作为黄河支流的重要性。

① 沧海桑田，没人知道黄河到底改道多少次，但渭河始终伴它风雨同舟，一往情深，像搭在黄河肩头的一袋面。

“其实，渭河就是一碗汤，喝上，啥都有了；喝不上，啥都没了。”

关中农民的这句话，似曾相识，我又一次想到了梁生宝。

一条河，一碗汤，真的不用过多解释其中的含义，看看农耕以来渭河流域的灌溉情况，至少一半的答案在这里了。汉武帝时期修建的龙首渠，从地下贯通如今的澄城和大荔，使四万余公顷的盐碱地得到灌溉，年产量增加十倍以上，被誉为中国历史上的第一条地下渠，成为世界水利史上的首创。而截至二十世纪末，关中地区类似性质的灌溉工程，万亩以上的灌区近一百一十个，自西向东基本连成了一片。② 皇天后土，有一口水，就有一株苗，就有一缕炊烟，就有一碗汤，就有生生不息的生命的指望。

❷ 在这里作者用简单的几句话总结性地概括了水资源对于整个地区的重要性，如果没有水也就不会有生命的存在。

有生命，就有创造。在甘肃的渭源、陇西、武山、甘谷、天水一带，到处都是马家窑文化、齐家文化、仰韶文化遗址；在陕西的宝鸡、咸阳、西安、渭南、潼关一带，半坡遗址、炎帝陵、黄帝陵、秦陵、乾陵、秦始皇兵马俑星罗棋布……渭河给我们提供的强大信息量到底被我们捕捉、寻找、获知、理解了多少？它像谜一样在着，也像谜一样不在。那样的年代，我不在，我爷爷也不在，但我爷爷的先祖爷爷一定在的。还能说啥呢，那些河流的子孙，一代代地没了，走了，先是一抔黄土，再后来，了无踪迹，就像这世间他们根本没来过，也没留下任何的蛛丝马迹——我好像说错了，他们留下了我，我们。

①渭河流到如今，早已瘦了，皮包骨的样子，到底相当于过往的几分之几和几十分之几，我没了解过。当风光一时的“八水绕长安”的曼妙景致只能在梦中去感受时，当“宋代从岐陇以西的渭河上游采伐和贩运的木材，连成木筏，浮渭而下”的壮观只能从史料中寻觅时，现实的渭河，会让你肝肠寸断。

❶在这句话里，作者用拟人的修辞手法，把渭河拟人化，也写出渭河至今已经接近干涸枯竭的状态，说明了渭河为人类发展做出贡献。

“渭河干了，咱就没汤喝了。”一位陕西农民告诉我。

这些年，一个汉字紧紧攥紧了我这颗单薄的心，这个字叫“济”。“引滦济津”是因为天津没水了；“引黄济津”是因为滦河没水了；“引长济黄”是因为黄河没水了，“引汉济渭”“引洮济渭”是因为渭河没水了……我去过被认为是史无前例的“引汉济渭”工程现场，高超的现代工业技术把莽莽秦岭山脉从根部洞穿并延伸九十八公里，然后利用二百公里的管网，把长江的最大支流——汉江水一分为二引入关中平原，汇入渭河……应约撰文，我迟难下笔，后来想到的标题竟是两个字：血管。

血，与其说受之于父母，不如说，受之于一碗汤。

①大地苍茫，耳边仿佛传来故乡的声音："娃，喝汤来——"

❶ 在最后的结尾之处，通过简单几个字"娃，喝汤来"结束全文，虽语言简洁，通俗易懂，却暗含无数种涌动的情感，能够看出作者对故乡渭河的思念和感恩之心。

延伸思考

1. 作者在文章中引用了农民的这样一句话："其实，渭河就是一碗汤，喝上，啥都有了；喝不上，啥都没了"对此，你怎么解读?

____

____

2. 在甘肃的渭源、陇西、武山、甘谷、天水一带，发扬着马家窑文化、齐家文化、仰韶文化，等，而这些文化的发展依靠的是什么?

____

____

走进火山群

名师导读

火山爆发是一种地质运动，火山的形成也是因为地球内部存在大量放射性的物质，自然环境的衰变，会产生大量的热，而这些热无法上到地面，使得温度升高，最后把岩石溶化，内部的高温，受挤压的影响下冲出地面就形成了火山，作者在一次偶然的机会中，走进火山群。我们看看在这篇文章里作者的所思所感。

走进火山群，却疑似漫步绿岛链。我脱口而出："森林障目，不见火山。"当然是对成语"一叶障目，不见森林"的接龙。

绿，像这个时代从天而降的容颜，它不光挑战着我对火山群的判断，而且分明在提醒我：其实，你已经进入大同火山群的核心地带了。一瞬间，我仿佛在懵懂中穿越这样一个现场："轰隆隆——"在一阵紧似一阵的巨大轰鸣声中，①三十多个幻灭般的庞大液态

❶ 作者用拟人的修辞手法，把火山拟人化，赋予了人的情感和动作，能够看出火山爆发之时的壮观景象。

火柱挣脱地表，刺破长空，大地剧烈颤抖，苍天遮云蔽日，排山倒海的岩浆烈焰像洪峰一样张开血盆大口，席卷方圆 900 平方公里的一切生命，最终在如今的大同盆地和桑干河流域宣示般地隆起了神秘而庄严的金山、黑山、狼窝山、马蹄山、老虎山……

“火山爆发，让所有的绿色都没了啊！”我身边的一位大同人喟叹。

这种喟叹的神奇在于，它不光用绿色代替了所有的生命，而且似乎是，灾难仿佛发生在昨天。昨天是哪一天？是二十四小时前，还是几万年十几万年前？据载，作为中国六大火山群之一的大同火山群，大概从 74 万年前开始，经过三期反复多次喷发，距今 40 万年前进入活动高潮，大约在 10 万年前才渐渐停止喷发。而 74 万年前更为远古的时代到底喷发过多少次，人类的智慧鞭长莫及，因为，人类只不过仅仅是人类。脚下，这些被学术界称作火山渣锥、混合火山锥、熔岩锥的生命禁区，古人曾痛心疾呼，兴叹叠加：“青山安在？安在青山？”，如此喟叹，一今一古，如出一腔，像极了一次洞穿岁月的电话连线。

我必须相信，这绝不仅仅是作为灵长类动物的人对绿色的呼唤。

视野里，除了树，就是像绣花一样小心翼翼栽树的大同人和一脸好奇的观光者。一位正在移栽幼树的农民告诉我：“过去，咱这雁北一带山山‘和尚头’，处处‘鸡爪沟’，栽一棵树比养一个娃还难。”这是大同人的幽默，但我没笑出声来。面对废墟的微笑，一定比废墟更要难看。现场听到一个故事：①有位负责林木管护的赵姓老兄，长年累月在艰苦的实验中育苗植树，像大禹治水一样三过家门而不入。有一次，他的一个朋友上坟时不慎引燃了25棵羸弱的幼树，他一气之下扣了朋友的车，还罚了款，监督朋友补栽了树苗，一棵，一棵，一棵……如今的火山群早已实现了重种的可能性，不仅披上了30万亩的绿装，还被国土资源部命名为国家地质公园。有游客感慨："绿水青山，让火山群有了气质和尊严。"

❶ 作者在这里举了一个具体的例子，通过这个例子能够看出林木植树人的工作非常辛苦，长年累月地在实验室全身心地培育树木。

一个比火山群更要古老的事实是：两亿年前的中生代时期，这里还是降雨充沛、江河纵横的热带雨林气候，在如海如瀑、如云似雾的万顷绿色中，各类恐龙以主人翁的姿态，自由、骄傲地繁衍生息了一亿多年。如今，恐龙灭亡的原因早已不是什么迷局，可是，那些神奇的绿色去了哪里？我们叩问大地，可是，大地沉默如大地。要问与沉默对应的词是什么，你会想到爆发吗？

但有一种东西，它是有声音的，这是燃烧的声音，它燃烧时与火山一样通红如霞，有形状，还有温度和光芒。它在如今千万家现代企业的炉膛和老百姓的厨房里安详地燃烧，它的名字叫煤。它由绿色变来，又化作灰烬而去。关于煤的成因，说法很多，其中的一种解释是：②古生代、中生代、新生代时期伴随火山爆发造成的地质变化，致使周边植物被颠覆性地深度掩埋，从而演变为煤。我只想说，那些消失殆尽的绿色生命，大多数最终还是以不可再生资源的形式馈赠

❷ 在这里作者对煤的形成做出了具体的解释，能够让读者更清晰地了解煤的由来——是由火山爆发造成地质变化，原本绿树埋入土里从而演变成煤，这也提醒世人要珍惜资源。

❶ 作者直接引用专家说的话来警示，人们大量开采煤矿，只会让大地和生态环境重度破坏，呼吁我们一起保护自然环境，倡导节制性的绿色开采和使用。

给了人类，其中的大部分，留给了工业化时代的我们。如若说，火山群是一堆堆生命的灰烬，那么，当所有的煤化为灰烬呢？专家告诉我：①“对煤炭的掠夺性开采早已让大地和生态不堪重负，大同人正在尝试开发光伏发电资源。但是，煤，依然是人类的重要生命线。”

火山的光焰早已不在，但我们从煤的燃烧中，分明看到了与火山一样的表情和模样。而眼前的火山群，你能认准它到底是生命的乐章？还是墓碑？

一片树叶，在地球上只有一次绿色的机会。那天，我曾小心翼翼地钻进一个深达150米的现代化煤井，轻轻地、轻轻地抚摸原煤的肌肤，一遍又一遍。在一些煤层的剖面，古代植物的叶脉清晰可见，我不认为那是众多绿色的集体死亡，它们更像万古岁月里火山群一样悲壮的睡眠，脉搏跳动，呼吸可闻。煤井只有150米，假如它是无底洞，我情愿走到底。它的出口，永远在地球上。

“咱栽活一棵树，就是给前世还账哩。”说这话的还是那位农民。

已是午后，长空如洗，这是闻名遐迩的“大同蓝”。马蹄山那边的树林里传来著名的山西民歌《圪梁梁》，深情而悠扬：

对面山的圪梁梁上那是一个谁？
那就是要命的二妹妹……

我纳闷儿：“火山群里哪有要命的二妹妹呢？”

大同人笑了："多啦。"

"何以见得？"

"一棵，一棵，一棵……"

① 一块美丽绝伦的火山石就在我脚下，我没好意思带走它。它到底多少年没享受这样的绿了，我不知道。

❶ 在结尾之处，作者意味深长地写到一块火山石就在脚下，而却不好意思带走它，这是因为火山石也是由树木演变而成的，而这个火山石却牺牲了自己，为人类提供了赖以生存的煤资源。

延伸思考

1. 文章中提到了这样一个故事，一位护林者的一个朋友上坟时不慎引燃了 25 棵羸弱的幼树，他一气之下扣了朋友的车，还罚了款，监督朋友补栽了树苗。从这个故事中你有什么启发？

____

____

2. 作者在文章中询问道："那些神奇的绿色去了哪里？"请简要说出你的想法。

____

____

长城的样子

名师导读

长城有很多种样子，李益眼里是“统汉烽西降户营，黄沙白骨拥长城”；骆宾王眼里是“君不见玉关尘色暗边亭，铜鞮杂虏寇长城”；李涉眼里是“一自元和平蜀后，马头行处即长城”。那作者眼里的长城是怎么样的呢？本文将仔细讲述。

假如我画出某个耳熟能详的主题，你却辨不出画了什么，那一刻，尴尬的你我该如何各自收场？比如，画面上分明是长城的样子。

❶ 作者简要介绍了长城优越的地理位置，用比喻的修辞手法，把长城比作一个坚韧的挑夫，说明了在朝代更替的过程中长城起着重要的坚守作用。

我立即会看透你心目中的长城底片，那一定是“修旧如旧”之后重现江湖的完美高大和流光溢彩，这样的惯性思维，岂能容得我画笔下原汁原味、饱经沧桑的容颜——我指山西大同的明长城，它的确是长城的另一种样子，不！长城没有第二种样子，它就是它的样子。① 作为明代九边重镇，大同雄踞在渤海湾和西域之间，东眺山海关，西望嘉峪关，像一个诚实、坚韧的挑夫，用长达数千里的扁担战略性地挑起朝代更替、御敌守邦的历史辎重和战事循环。我以当代人的角色靠近天镇、阳高、左云一带时，这才发现明长城分明就是一件未曾雕饰、装扮的老物件，除了勉强可辨的各类围堡，多为夯土、砖石的庞大废墟，高高矮矮，凹凹凸凸，或突兀于平川梁峁，或湮没于村舍阡陌，像一截截断裂的马鞭，一个个倒下的勇士，一只只失群的信鸽。而总体观察，像极了一个未经打扫的古战场，刀光剑影的留痕随处可见，流弹箭矢的呼啸似有可闻，千军万马的逐鹿恍若眼前。“这才是长城的样子，”我脱口而出。

陪同的大同人如数家珍：“大同明长城总长八百多华里（400 多千米），配以内堡，外墩，烽堠，辙道，全国罕见。”他不无遗憾地喟叹，“可惜！更早的赵、秦、汉、北魏、隋、金长城，都已……”但在我看来，大同有了明长城，早先所有长城的投影、气息便都在这里了。我必须相信，当年秦始皇举全国之力修筑长城重器，绝对不是为了打造“工艺品”。他也许想过，长城的终极美丽，就是残缺，甚至消失。但他一定没想到，就在几十年前，中国的热血儿郎们还坚守在长城内外，唱着这样的歌曲：“大刀向鬼子们的头上砍去……”

① 日月映血的长城时代早已遁入不远的昨天，如今以废墟的形式融入大同人常态的日子和炊烟里，呈现出岁月原本的样子。恰是在这种样子里，② 历史有的基因，长城有；历史有的气息，长城有；历史有的

❶ 作者通过长城的今昔对比，正是因为长城经历过那个纷争的战乱时代，战斗的硝烟离我们远去，留下的是破碎的文化遗迹，突出了岁月的变迁。

❷ 作者用了 4 个排比句，写出了长城所具有的基因，具有的气息，具有的诉说和记忆。这 4 个排比句虽然短促，却非常有力量，使得文章气势磅礴。

诉说，长城有；历史有的记忆，长城有。而废墟，唯独在这里浴火重生成生命的极致，它生机勃勃，血脉偾张，仪态万方。我像一个天真的孩子，无邪地走进长城的生命谱系，流连忘返于一个个城垛的伤口上、一处处撕裂的土堡里、一片片倒伏的残垣前。那一刻，感觉时间倒流，从今至明，从明至秦，及至更远……

这是长城活着的样子，可它真的不像现代意义的所谓旅游景点。有游客沮丧地说："这是长城吗？感觉白来了啊！"这话，一时让我不知所措。

不知所措，实际上有自我追问意味的：我为什么才来？"天下雄关"嘉峪关在我的老家甘肃，"天下第一关"山海关毗邻我的第二故乡天津，自然都是去过的，我甚至去过长城沿线更多的省市，多是听说那里的长城被修葺一新，于是也难以免俗地成为[1]趋之若鹜中的一员。直观印象中同质化、模式化的众多长城，很难辨清跨越时空的历史断章和战争分解，以至于对家门口的八达岭长城，我至今懒得涉足。我在某大学的一次文化讲座中感慨："要让长城活着，必须要留住它伤残、流血乃至死去的样子。"我顺手牵羊举了圆明园的例子。大概是五年前吧，京津政协系统搞文化交流，北京某政协的一位委员眉飞色舞地告诉我："我已提交了重建圆明园的提案，让圆明园死而复生。"我笑问之："仁兄到底是要让圆明园死而复生？还是活而复死。"委员初愣，继而顿悟，遂成至交。

大同的长城为嘛活着？也许是因为大同大不同之故吧。那天，我先是痛快淋漓地吼了一曲古老的山西

❶ 意思是像鸭子一样，成群地跑过去，形容许多人争着去追逐某种事物。作者在这里说自己也是落俗，成为赶着去看新修之后长城的那种人。

民谣：①“日出而作，日入而息，凿井而饮，耕田而食……”继而在古堡内打了一趟劈挂拳。同行的《香港商报》记者把我的洋相录了下来，而某著名编辑家则给我封了个“壮士”的美誉。——壮士，约等于“不到长城非好汉”那种吧。是不是壮士我当然心知肚明，但真正的壮士应该选择什么样子的长城，好像还不光是个审美问题。

❶作者在这里引用了先秦《击壤歌》中的句子，写出了大同人们古老而原始的生活方式，体现出早期人们的辛勤劳作。

只是偶尔打开视频，重温那个手眼身法步早已不如少年的自己，吸引我的依然是大同明长城的悲壮背景。恍惚间，我不知道“壮士”到底是从历史来到当下还是从当下去了历史。这般的判断，没意思也难。

和朋友聊起大同之行，他说：“我心中长城的样子，有了。”

延伸思考

1. 作者眼里长城的样子是什么样的？请举例说说。

______

______

2. 通过文章中的这句话“我在某大学的一次文化讲座中感慨：‘要让长城活着，必须要留住它伤残、流血乃至死去的样子。’”能体会到什么？

______

______

回望韩城

名师导读

韩城位于关中平原东北隅，北依宜川，西邻黄龙，南接合阳，东隔黄河与山西省河津、乡宁、万荣等县市相望。韩城的历史文化也非常悠久，是世界文化名人司马迁的故乡。本文中，作者以韩城为线索，写出韩城的文化底蕴。

站在韩城市党家村高高的崖畔上，我吼了一句戏词：①“祖籍陕西韩城县，杏花村中有家园……”

同行的文坛名宿蒋子龙曰：“如果我没猜错，你吼的是秦腔吧。”我身居天津，实则甘肃天水人氏，自幼熏陶于秦腔的生旦净丑、吹拉弹唱之中。“祖籍陕西韩城市”像②秦腔剧《三滴血》中的一个地域符号，让我打小晓得人间除了天水，千里之外还有一个地方，它叫韩城。明知是戏，可陕、甘、宁、青、新一带的男女老少张嘴一吼，休想绕开祖籍与韩城的关系，戏

❶ 作者引用了戏词来做文章的开头，使得文章具有鲜明的地方文化特色和浓厚的艺术气息。

❷ 秦腔别称“梆子腔”，中国汉族最古老的戏剧之一，极具地方特色，秦腔的表演技艺朴实、粗犷、豪放，富有夸张性，生活气息浓厚，属于我国非物质文化遗产。

里戏外，怎一个韩城了得！视野里的党家村，被誉为“东方人类居住村寨的活化石”，在东西走向的葫芦状山谷里，这个始建于元代的村落，村东北有寨堡，村东南有文星阁，村中有看家楼。村寨相融，你中有我，我中有你。[①] 一百多个鳞次栉比的四合院错落有致，二十多条青石铺就的古巷道四通八达。村里有祠堂、私塾、节孝碑、神庙、石雕、老树、池塘、石碾、旧磨、古井、暗道、哨门、火药库……小小的党家村，仅明清两代就走出近 50 名进士、举人和秀才。这岂止是一个历史家园的精神样貌？分明是一个古老国家的缩影。

❶ 作者对村落中的建筑进行了细致的描写，说明了这个村落承载着一段古老的历史文化，也让读者更加了解村落里的人文故事。

当你从一个小村辨出家国的意味，你说你的祖籍到底在哪里？

据说，如党家村般意味深长的老村，在韩城不止一个，在陕西不止一双，那么在全国呢？多和少，其实是一个相对的概念，这个概念其实已经很悲催很悲壮很悲情了。同行的一位建筑学家告诉我，半个世纪前，形如党家村这般富含民族文化元素、彰显传统审美特质、承接丰厚历史信息的村落，遍布大江南北，可谓星罗棋布，千姿百态，应有尽有。它们像风一样消逝，仅仅是近几十年的事儿。如今的大多数新村尽管看起来赏心悦目，充满时代气息，但在表现形式上千篇一律，在精神、审美层面与历史、岁月貌合神离，以至于我们很容易健忘一个与前世今生有关的词：祖籍。

当祖籍像一个传说，或者，当韩城让你想到祖籍，你到底该喜？还是该悲？

那个午后，来自全国各地的“秦岭——黄河对话”采风团成员集体乘车前往位于芝川镇韩奕坡的司马迁祠。途经一条古驿道，我突然被窗外远方天际线位置的一幅奇观吸引：一条开阔、雄浑、高远、绵长、巨大的银色状物，在一片片灰白相间的云朵之上，由北向南，放射着无比耀眼的光芒，[①]它既像阳光下倒立的冰川，又像无垠的海市蜃楼；既像凭空舞动的白练，又像万古一色的银河。我好歹也是东西南北中一路走过来的人，这种苍天之上的奇妙现象，尚属首见。老作家从维熙看出了我的诧异，说：“黄河，你也不认得？”我大吃一惊，作为一个在黄河的最大支流——渭河边长大的黄河娃，作为一个曾经沿着黄河行走研究过“水文化”的所谓作家，我不禁哑然失笑。我想到了一句诗和一句唱词，前者是李白的“黄河之水天上来”，后者是王之涣的“黄河远上白云间”。有趣的是，李白祖籍甘肃天水，而王之涣也是盛唐时期为甘肃凉州而填的唱词。那一刻的黄河神奇如天外来客，它在为我提示什么呢？我想到了两个字：家园。无论你祖籍在哪里，韩城以黄河的名义告诉你：天上人间。

❶ 作者通过两个排比句写出了黄河的壮美和秀丽，把黄河比喻成冰川、海市蜃楼、白练和银河，生动形象地写出了黄河的奔腾不息。

“自古甘陕是一家。”[②]那是因为秦文化在天水发酵，在关中壮大，及至影响了整个华夏文明的谱系和颜色。你可以不承认你是秦人的后裔，但翘首西北，你不可能不想到你的来路，那条路，通往祖上。曾几

❷ 作者由小及大地解释了“自古甘陕是一家”这句话，秦文化在天水萌芽，再到关中发展壮大，最后直接影响到了整个华夏文明，能够看出秦文化的影响之大。

何时，我不是太理解欧美、南洋一带华人聚居区仿制秦砖汉瓦、唐街宋祠、明碗清服的执着与热情，至今想起，回望韩城的山和水，云和月，不觉内心怆然，无以言表。

在司马迁祠，所有的文化人脱帽，弯腰，那深深的一躬，至诚至恳，实实在在，像膜拜家族谱系中一位高贵的先人。

“史家之绝唱，无韵之离骚。”这是一代文宗鲁迅对这位韩城人笔下《史记》的定义。在凭吊现场，香港凤凰卫视的一位主持人说：“天下文人，认祖归宗。”祖与宗，让我想到了中国文人的精神祖籍。那一刻，司马迁的塑像庄严而安详，[1]他仿佛在东瞰万古黄河水，西眺绝顶昆仑山，南望长江东逝去，北察戈壁大漠烟。假如司马迁突然开口说话，他会说什么呢？我竟像编剧一样替司马迁想出了一句话：“汝等笔下，所著何哉？”

谁能回答得了？当然，这定然与你是否祖籍韩城无关，可我再次吼起“祖籍陕西韩城县”的时候，已是别有一番滋味在心头。

❶ 作者从东南西北四个方位，写出了祖国壮美河山的自然景观，同时表达出作者对司马迁的敬仰之情。

延伸思考

1. 从文章中的这句话“大多数新村尽管看起来赏心悦目，充满时代气息，但在表现形式上千篇一律，在精神、审美层面与历史、岁月貌合神离”里能看出作者想表达什么？

____

____

2. 作者引用了李白的“黄河之水天上来”和王之涣的“黄河远上白云间”想说明什么？

____

____

乌兰察那个布

名师导读

乌兰察布，内蒙古自治区辖地级市，地处中国正北方，这里有着延绵无尽的大草原，乌兰察布有“草原云谷”“吉祥草原神舟家园”“中国马铃薯之都”的美称。不仅自然环境非常优美，这里还吟唱着李广的英雄事迹。

---

[1] 曾迎面撞上过一个话题：“叔叔，您知道一种叫乌兰察的布吗？”这是邻里小女孩的好奇。我倏然一愣，乖乖回应：“不知道。”

❶ 作者用一问一答的形式作为文章的开头，能够自然而然地引出本文主要写的是乌兰察的布，能够激发读者的阅读兴趣。

直至后来到了乌兰察布，我似乎仍然没明白这就是传说中的那块布。多年来，我曾一度埋汰过对我的故乡甘肃认识不足的远道客人，似乎偌大的甘肃除了千里河西走廊的漫漫黄沙和陇东高原的千层黄土，全然不知秦岭一带的天水、陇南本是珠垒玉砌的。而今我换作乌兰察布的客人，竟也自陷其辙，生生的，错把乌兰察布当作一片荒丘枯漠了。小车经过冀北层层叠叠的沟壑、丘陵之后，突然仿佛就不是车了，是船，它像船一样划入的这片塞上绿色汪洋，便是乌兰察布。我获知了这样的比喻：建在玄武岩上的园林。

我登时哑然。我首先需要解决的困惑是：既然这个城市的绿与周边的绿连成了一片大布，那么，这布的边边角角在哪里？因为再继续朝四周辐射，便是她怀抱里的杜尔伯特、辉腾锡勒、乌兰哈达三大草原了。关于草原之美，历代文人墨客佳句如潮，轮不到我画蛇添足。可让我意外的是，杜尔伯特草原是中国“神舟”系列飞船的回归地，辉腾锡勒草原是世界上保存最完好的高山草甸草原，乌兰哈达草原是国内著名的火山草原。作为一个对草原有着特殊情结的人，我不知道世界上还有哪座城市同时拥有这么多的草原，而且被历史和时代注入了如此丰富的人文元素。有趣的是，“神舟”从我老家甘肃酒泉升空，从内蒙古乌兰察布降落，这让我的造访，便有了冥冥中循迹觅踪的意味。① 那一刻，我真不知道乌兰察布在我眼里到底是熟悉了，还是陌生了？主人王玉水问我：“作家老弟，你在想啥？”

我说：“一块布。”

“布？”

“是，乌兰察布。”他愣了一下，继而心照不宣地乐了，“那，你怎样看待这里的绿？”

这是一个容易上当的问题，只有傻子才会脱口“沙漠绿洲”四个字，可要是说成“草原绿洲”，岂不有合

❶ 作者这一句的心理描写可见其内心的纠结，因为神舟是从作者老家升空后降落到了乌兰察布，自然，作者的到访就仿佛重走这趟旅程，让“我”的心路历程发生了变化。

并同类项之嫌？我只好把深沉装到底："这布，怎么就叫乌兰察布呢？"

马，定要骑一回的。打马辉腾锡勒草原的时候，我遇到一位中年牧人，① 牧人手里并没有羊鞭，而是一把马头琴，他悠闲地把身子斜倚在一段古城墙的残垣断壁上。琴声浑厚而悠扬。洁白的羊群在阳光下徜徉，像点缀在画布上的云朵。在这前不着村、后不着店的阴山一隅，我问他："你家离这里远吗？"

❶ 这一段描写了牧羊人的动作、神态，用比喻的修辞手法，把羊群比作云朵，能够看出草原人们生活得悠然自乐以及草原自然风光的美丽。

"也就五十公里吧。"他的回答轻描淡写。

五十公里，如果使用现代交通工具，也就几支烟的工夫，可对一个牧人……牧人一眼看穿我的心思，开口道："你以为我是苏武牧羊啊？！"我这才知晓。牧人家住乌兰察布市，拥有花园洋房，提前办了退休，如今把放牧当成人生一大快事。他的羊舍在草原。羊舍前，停着一辆漂亮的小车。

② 我想到了时下公园里安静如石头般的垂钓者——垂钓和放牧，二者之间异曲同工的妙处，谁能解得？而我，却不小心变成了这片土地的考生。一块布，在考一位裁缝。也许与出生在羲皇故里有关，我对这里的史前文化遗存有着天生的敏感，比如，沉睡了近万年的旧石器打造场、星罗棋布的古人类洞穴遗址以及神奇的岩画、不同时代的长城遗址。在与岱海毗邻的一处古文化遗址，王玉水时不时捡起一块块破碎的陶片："看看，你说说是五千年？还是六千年？"

❷ 作者用垂钓来类比放牧，能够看出不论是垂钓，还是放牧，都是一种让人放松的生活方式，而且都是在安静的状态下，完成的，并不需要歇斯底里地咆哮。

所幸，喧嚣的时代未能腾出手以大开发的名义叨扰到这些历史遗存。多数遗址除了简单、粗糙的标识，仍保持着原始的形态，给人非常通彻的现场感。我不好判断眼前的史前文明与甘肃的大地湾文化之间是否有某种必然的联系，可是很快，一个实在太熟悉的文化符号，一瞬间击中了我，它其实是一个人：李广。

一位蒙古族人告诉我："李广，是我们这里的保护神。"

❶ 作者对李广进行了简要的介绍，让读者了解李广是何许人也，也让本文中的情感发生了升华，让读者能够看出这片土地记载着一个英雄的故事，承载着历史的情怀。

又是来自甘肃的信息。① 汉文景时，曾担任过陇西、北地、代郡、云中、右北平等军事要塞太守的甘肃天水人李广被封为雁门将军，多次屯兵乌兰察布，把匈奴驱逐到大漠以北。可到了王莽时代，匈奴最终还是沦陷了乌兰察布，而那时的李广早已含恨自杀多年，魂归故里。此刻，远处的蒙古包里传来了马头琴的声音，这样的琴声分明是饱含某种信息的。一股强大的气流突然从我胸中喷涌而出，那是只有甘肃人才有的冲动，是吼，我吼出的是秦腔：

"我叫一声飞将军……"

马头琴和秦腔肯定是不对称的，可恰恰在这样的不对称里，我像站在大布中央的银针，有了飞针走线的欲望，是缝领子，还是接袖口，反而不由我了。

山下，各种各样的洋芋花儿旺极了。我说："甘肃有个定西地区，那里被誉为马铃薯之乡。"可王玉水笑了。这 ② 是乌兰察布式的笑，像隐藏在布匹上的一道涟漪。我这才注意到，高速公路一侧矗立着一个大型广告牌，上书：中国薯都。老王告诉我，乌兰察布、定西和威宁为了争"马铃薯之都"，曾在中国食品行业上演了一场硝烟弥漫的"三国演义"。

❷ 作者运用比喻的修辞手法，把王玉水的笑比作隐藏在布匹上的一道涟漪，可以看出生活在乌兰察布的人们是多么的纯朴。

我开怀大笑。没人知道我的笑声里有替定西抱不平的意味，可脚下这五万四千平方公里的大地太容易让我想到故乡，但的确又不是故乡，他和我记忆中的粗布、棉布、绸布不一样，人家叫乌兰察布。

延伸思考

1. 作者听着远处马头琴的声音，心里思绪万千，于是吼出了秦腔，由此可以看到作者怎样的思想情感？

____

____

2. 作者最后一段的笑有着怎样的意味？

____

____

大地的血管

名师导读

血管是人身体中的重要器官，也是血液的载体，如果人失去血液，没有血管，毫无疑问会面临死亡。那对于大地来说，她的血管是什么呢？其实就是纵横大地的河流和湖泊。本文中，作者给我们介绍了一个前所未有的水利工程——引汉济渭，而建成这个重大的水利工程，却困难重重，那就跟着作者一起去看看，建设的过程中都遇到哪些困难呢？

人类的智慧，好像还无法测知一个人全身的血管到底有多长。

但这条主动脉却即将要诞生了：98.3 公里。这还不包括它导入病躯后必将连接的蛛网一样的、累计超过 200 公里的毛细血管。[①] 这生命之血，要输往哪里？

古老渭河的岌岌可危和频频断流，早已使关中大地的躯体因高度贫血而羸弱不堪。终于，这一代的秦人们汇聚了方方面面的科研力量和民间智慧，动员成千上万

❶ 作者通过一个疑问句来引出下文对渭河的描写，能够很自然地过渡到下文中的描写，引出本文的写作对象。

的人力和几百亿元的财力，试图花七八年的时间，以输血的方式编织一片水网，让关中返老还童，浴火重生。具体构想是：从长江最大的支流汉江调水 15 亿立方米，洞穿秦岭山脉引入黄河最大的支流——渭河。

[①] 所谓引汉济渭，与其说是解大地之危，毋宁说引汉济人。

在西安，一位据说是亿万富翁的老板对我感慨的时候，他正端起脸盆，像古老的卖油翁一样，把洗过头的水轻轻注入一个塑料桶里。“这水，还可用来冲马桶。”与身份极不相称的细节，让我怦然心动。

一滴水，在关中汉子这里获得了尊严。

关中大地，历史上曾经河道遍布，水网如织。稻花飘香的渭河两岸，豪放的秦腔、老腔、眉户与陕西特色的渔歌、民谣交汇在一起，构成了古老而又独特的关中风情。有一种说法，所谓天府之国的美誉，最早不是针对四川而是针对关中的。而今，一度名扬海内外的“八水绕长安”壮景，反而疑似一个杜撰的、干涩的传说。关中人至今记得旱魔长驱直入的 1995 年：大地龟裂，小麦绝收。西安、咸阳等十多个城市的不少企业因工业用水不足而被迫停产。[②]“娃儿，你要记着，妈妈，是因水而死的。”这是渭北高原一位因长期饮用苦咸水导致百病缠身的农妇自杀前的遗言。

年轻的母亲死了，一方水土的死亡，还会远吗？

假设——有一天古城西安、咸阳、宝鸡、潼关齐刷刷从地球上消失并成为未来人们凭吊的古人类遗址……因这个假设而骂我的人，一定不会明白，在岁

❶ 作者通过由小及大的写法，从刚开始的引汉济渭过渡到引汉济人，整个出发点和落脚点能够有一个层次、一个梯度的提高。

❷ 通过这位农妇的语言能够直接地看出当时极度缺水的情况，也增加了文章的真实性，突出了水的重要性。

月中消失殆尽的楼兰、北庭、龟兹、高昌、米兰、且末、尼雅、庞贝、亚特兰蒂斯等古城，那种死亡的气息和幻灭的景象，距离我们是近，还是远？

火把，燃烧的火把。亢奋或羸弱的火把像火龙一样在山川蜿蜒喘息。这是关中父老乡亲求雨、祭天、拜水龙王的场面。成千上万的民众跪倒在地，干裂的嘴唇亲吻大地。也许，那尊贵的一吻，楼兰最懂，亚特兰蒂斯最懂。

古人云："民以食为天。"今人又延伸了一步："食以水为先。"公元2014年，传说中的引汉济渭工程终于上马。这是怎样的现场呢？从秦岭北麓的周至县到秦岭南麓的洋县，成千上万的施工人员在几百公里的崇山峻岭中，开辟了大大小小上百个战场：开山、筑路、打洞、架桥、拆迁、重建……当生存与渴望、抗争与悲壮构成了人类命运的交响曲，当改造与维护、攻克与重铸构成了人类突围与环保的人性乐章，[1]沉睡了几十亿年的大山仿佛睁开了惺忪而又期待的眼睛，苍茫的原始森林敞开怀抱接纳了这些戴着头盔的不速之客，各种奇珍异兽好奇地打量着由挖掘机、卷扬机、钻探机、运输车构成的钢铁洪流……

❶ 作者运用了拟人的修辞手法把大山拟人化，将大山赋予了人的行为和动作，能够看出面对社会的发展和变化时，人们期待的心态。

这地球的一隅，喧嚣着，战栗着，亢奋着，期待着。

一位刚刚走出隧洞的民工，急不可耐地摘下头盔，扬头就吼："山丹丹的那个开花哟，红艳艳——"

谁能告诉我，证明这种红色的除了血，还有什么？

当多年以后，发生在这里的一切故事尘埃落定，汉水，这条比长江、黄河的诞生还要早七亿年的古老血脉，这个曾孕育过牛郎织女、嫦娥奔月的神话温床，从此将梅开二度，一枝各表：一者，继续汇入滚滚长江东逝水；另一者，北上投入黄河的怀抱，奔流到海不复回。

我先后靠近了位于汉江中游的黄金峡水利枢纽和位于汉江支流——子午河下游的三河口水利枢纽工地，走进位于秦岭主脊段的1号洞、3号洞。工程师告诉我，输水隧洞分两大部分进行施工，其中42.7公里采用钻爆法施工，主脊段39.1公里采用世界最先进的TMB掘进机施工，沿线布设10条支洞。主洞加上支洞，超过120公里，其中隧洞的最大埋深达2012米，均位居世界第二，而施工的综合难度位居世界第一，这还不包括超长隧洞面临的长距离通风、涌水、岩爆、高温、地热等世界级难题。“常言道：‘一桥飞架南北’，我们这叫‘一洞卧底南北’。”工程师说，“①一旦竣工，可与老祖宗在四川建设的都江堰、在广西建设的灵渠媲美，因为它史无前例。”

❶ 从工程师的这句话里面，能够体现建设这条隧道的难度之大和意义重大，一旦完成就是首例，为其他的隧道建设提供宝贵的实践和参考建议。

我进入隧洞纵深的方式，是乘坐施工专用大巴。从支洞到主洞直至秦岭山脉的心脏，整整行驶了半个多小时。这是施工人员一寸、一寸、又一寸“抠”出来的世界：潮湿、阴暗，各种机械的轰鸣声震耳欲聋，与洞外构成了两重天。②洞壁犬牙交错，洞底遍地泥泞。山体涌水形成的溪流、深潭随处可见。“咔嚓——哗啦——哐——”一种怪异、恐怖的声音不绝于耳，随之而来的是飞瀑一样的碎末，从护网中筛下来，袈裟一样罩在了我们身上。

❷ 这一段的环境描写，作者从视觉、听觉两个方面写出了隧道内部隐藏着的危险，也从侧面突出施工人员的艰辛。

“这就是人们谈虎色变的岩爆。”技术员告诉我。

“尽管防护技术先进了，减少了岩爆造成的伤害，但是，岩爆状态下的施工，仍然是生命与死神的博弈。”技术员介绍情况的时候，表情像沙场上的墓碑，“我们每个人，都是带着祈祷进入隧洞的。”

无语，只剩下紧张的呼吸。那一刻，洞外，半个世纪以来修建的铁路、公路正在承载着现代交通工具，把南来北往的人们送往目的地。凡是选择火车、汽车南下川、云、贵或者北上陕、甘、豫的人，每穿越某个隧洞、跨越某段桥梁，一定能看到窗外的一片片坟茔。①每一个坟茔的下面，都长眠着一个曾经生龙活虎的建设者，他们一定是某位妈妈的孩子，某位妻子的丈夫，某位少女的心上人……

❶ 这一段的细节描写，能够看到辛勤付出建成隧道的背后，是有人用生命的代价来完成的，表达了作者悲痛的心情。

“这个，你拿走吧！”同行的靳兄随手从头顶的护网里掏出一块石头。

其实是一块岩爆形成的石头碎片，巴掌那么大。

“它是石头，也是命。可是，为了我们的生存，它离开了大山。”

在人迹罕至的黄金峡，我久久在河滩伫立。这里将成为未来100多米以下的水底世界，将有4个乡镇、98公里等级公路、11座桥梁被淹没，1万多户农民搬迁异乡。这是一个生存的逻辑：为了活着，或者，活得更好。

最终能够诠释生命秘籍的，其实是人与自然。

那一刻，秦岭南麓的日头已经很毒，②开工前的汉江水一如既往地蜿蜒东流，被山洪冲到河滩的各种树木、椽子和羚羊、狼、狐狸的尸体，无声地演绎着大自然的变数和生命的无常。有一只狐狸，它显然死

❷ 在这一个环境描写中可以看到被冲到河滩上的树木，以及各种动物的尸体，也能警示我们水资源的稀缺带来的后果必然是死亡。

去很久，但美丽的双眼依然睁着，它有一身棕色的被毛，与耳梢、尾梢的纯白构成一幅悲壮的图画。它多么像我的获奖小说《女人和狐狸的一个上午》中的那只狐狸啊！不同的是，我笔下的狐狸因干旱而死。我从乱石堆里搂了一团淤积的衰草，抖开来，轻轻苫住了它的尸体和容颜……

你会认为这是我的矫情吗？料想你没这个胆，你一定知道你体内68%以上的东西，不是金与银，而是水。你躯体里遍布的水网一如大地上的河流和小溪。当你把一杯水一饮而尽，大自然的血已经在你体内浩浩荡荡。

离开西安那天，偶然看到一位女士正在指责小保姆："三令五申，你就是不听，你保留洗衣服的脏水干吗？咱缺这点水钱吗？"

我问她："您知道引汉济渭吗？"

"你说啥？是新到的美国大片吗？"

我想说是，也想说不是，但最终啥也没说。在她眼里，我一定是个不及格的学生，或者，是不经意的一滴水。

飞机把我送到了万米高空。俯瞰大地，①黄昏中的秦岭山脉像一根长长的扁担，一头挑着汉水，一头挑着渭河。洒落在崇山峻岭中的几十处忽明忽暗的光亮，一定就是施工现场了。光亮静止着，也奔跑着，像一个个求雨、祭天、拜水的火把。

那是大地充血的表情，一如吼秦腔时面色如枣的陕西冷娃。

❶ 作者运用比喻的修辞手法，把秦岭山脉比作扁担，这个比喻形象生动地写出了秦岭山脉在汉川和渭河之间地理位置的重要性——能够很好地连接它们。

延伸思考

1. 三河口水利枢纽的建设面临着怎样的难题？

2. 建筑工人们为什么宁愿冒着这么大的风险，也要坚持引汉济渭？

3. 从最后“我”和一位女士的对话中能看出什么？

遥远的马边

名师导读

听到马边这两个字，你是否正在想，何为“马边”？而马是否就是奔跑的骏马？不可否认的是，大家对马边似乎也不太熟悉，而对于作者来说，马边简直是如陶渊明眼中的“桃花源”那般珍贵，本文中不仅解释了马边这个词语的由来，还介绍了马边的风土人情和地理环境。

---

[1] 钻了山，钻云；钻了沟，钻水。我像一条虫儿钻进了马边。

可怜我曾三下四川，愣没听说过马边，不提防与冷幽默轰然相撞。马就马吧，还边。这地名在水陆空交通早已现代化的当下，反倒给人塞外边关马萧萧的旷古之感。这才发现，我来与不来，马边始终在中亚热带季风气候带静静地缠绵着，在苍茫的小凉山一隅悄悄地等待着。尽管，我并没骑马，也没到边儿。

这就去了。马边实在是养在深闺人未识的那种。

❶ 作者用比喻的修辞手法把自己比作一条虫儿，用比喻句作为文章的开头，能够吸引读者的眼球和激发读者的好奇心——接下来会发生什么事情？

同行者被这里的自然和人文景观丹霞地貌、“汪公路”、石丈空、采茶节、人工林海搞得一惊一乍，更多的朋友迷恋于明王寺里的彝族悬托石像，据说是世界唯一。可首先吸引我的，却是马边的瀑布。这是我迄今为止见到得最多、最富有审美意味的瀑布。①有的从峰峦之巅飞流而下，疑从天降，在河谷溅起银色的浪花，“哗哗”对歌；有的在山腰丛林间闪闪烁烁，“叮咚”私语；有的在悬崖褶皱中蜿蜒游走，悄然无声。每当峰回路转，突现万千瀑布顺着峭壁、石缝和岩隙，激荡雀跃，若即若离，宛如亲热的抱团、温情的牵手、难舍的挥别、执着的守望……

❶ 作者用排比的修辞手法写出马边瀑布的壮丽，三个排比句也使得文章的内容和结构都非常工整，突出马边瀑布具有超高审美艺术。

有彝人的歌声从崖畔那边的新寨传来，高亢而嘹亮。

金山银水在马边，
阿哥阿妹在茶园。
……

彝族朋友告诉我：“唱的是民歌《金山银水在马边》，咱这里，几乎人人都能来两嗓子。”

“是新创作的曲子吗？”

“不！爷爷那辈，就唱这歌哩。”彝族朋友说。

我肠子有点悔青，居然忘了带画夹。儿时在干旱的故乡甘肃，每当临摹经典山水画，往往被那千姿百态的瀑布所倾倒，同时又怀疑画家一定是习惯了故弄玄虚的。到了马边，我茅塞顿开。②如果说黄果树、

❷ 作者通过烈酒和香茶写出黄果树、九寨沟的瀑布和马边瀑布的区别。前者恢宏大气，而后者则是别具韵味，值得反复欣赏。

九寨沟的瀑布是烈酒，那么马边的瀑布则是香茶。它是把二者的恢宏、博大、浩渺与气势给揉碎了、微缩了、解剖了。它一定不希望人们在大而无当中一朝沉醉，它更愿意客人们在精雕细刻中慢慢品茗。它含蓄如处子、闺房的丝帘，需要轻轻地掀开，一点，一点点地……

“山多，瀑布就多。咱马边除了海拔4042米的大风顶山，还有大小山峰1985个，什么黄连山、五指山、麻捏姑、茶条山、黄茅埂、鸡公山、药子山、大花埂……山看不完，咋能看完水呢？”

这样的口气，典型的马边式。我突然真的想骑一匹马，从这边走到那边，再从那边走到那边的那边。

① 但何处是边呢？马边四壁群峰雄踞，巧夺天工地构成了马边的天然界山。也就是说，很多年来，马边本是与世隔绝的，难怪我们的采风团被马边人看作迄今最大规模的闯入者。朋友感慨：“能钻进我们马边，你们也不易啊！”

❶ 作者通过一问一答的设问句，为读者解决了困惑，马边的“边”就是从这个陡峻的天然边界中引申出来的。

又是一个“钻”字，我凛然一惊。不由想起了陶渊明老爷子的文字：“便舍船，从口入。初极狭，才通人。”

语出《桃花源记》。无独有偶，马边也有一条“从口入”的路径，名唤“汪公路”。说是明万历十七年，时任马湖府安边厅同知的汪京在组织各族民众“建厅城，兴教育，修城堡，筑险道”的同时，为了打通马边与外界的联系，带头自捐一年俸禄，多方筹资，镂山凿崖，终于修建了一条从叙府（现宜宾）到安边厅（现马边）的长350华里、宽3尺的石板曲径，史称“叙马驿道”。马边人至今津津乐道的是：当年老百姓为了彪炳汪京之功，自发把“叙马驿道”尊称“汪公路”，并刻于石门坎、双河口两处岩壁，汪京要求铲除，百姓不从，汪京只好题写“永赖同功”四字，凿岩示念。

咀嚼这样一个充满官民情怀和人间大义的故事，在物质时代的当下，显得意味深长。内中玄机，自不待言。“叙马驿道”像绳索一样紧紧勒进悬崖、峭壁、乱石、丛林。九曲回肠，时隐时现。石板被早先的马帮踩得溜滑，扶手被摸出深深的凹痕。它既是当下的模样，一定也是明代的模样。①那一刻，我仿佛变成了马帮中的一员，踩上石阶，就像踩上一排刚刚出土的古老编钟，那是颠簸的心路，会响的。

❶ 这一段是作者的想象，面对此情此景，马边的悬崖、峭壁、乱石和丛林，仿佛也把作者拉进那个江湖气十足的马帮队伍。能够看出作者的感受十分细腻。

可一位同行的作家却说：“一点也不时尚，有啥好看的呢？应该综合开发，打扮得花枝招展，游人才会纷至沓来。”

“你眼里的时尚，到底指什么？”我软软地回了一句。

我无法想象汪京时代和当下的人间烟火有什么不同，可我从彝族姑娘阿依妞妞那里，感受到了人生的季节走过岁月的样子。“深山出俊鸟。”②阿依妞妞美丽大方，爽朗时尚，给我们带来了许多美丽的传说和歌声。可她却告诉我，小时候，寨子在高山上，吃饭、穿衣、上学难以为继。如今，她和很多彝家姑娘一样走出大山，读了大学。远处的那片新彝寨，是他们如今的家园。在阿依妞妞的介绍下，我们一行参观了崭新、漂亮、极具彝家审美风情的会步新村、烟峰彝家新寨。阳光煦暖，灯笼高挂。所到之处，多见“黄发

❷ 作者通过妞妞前后的对比——妞妞是一个多才多艺美丽大方的姑娘，但小时候也经过了非常穷困的时光，说明社会在发展和进步。

垂髫，并怡然自乐”者。

一位满头银发的彝族大妈在看电脑。她告诉我：“今后你们来马边，可以走乐西高速公路了。”大妈看的是网上专题节目。视频里，乐山到西昌的高速公路正在建设当中，许多彝汉工人，挥汗如雨。①而马边的标识，像一匹可爱的小马驹，似在嘶鸣：“咴儿——咴儿——”

❶ 作者把马边标识比作一匹可爱的小马驹，这个比喻形象、生动地写出了马边这个名字的来历。

我开了个玩笑：“那些工人，是当年‘汪公路’的筑路大军吗？”

“咯咯咯。”阿依妞妞乐出了一口白牙，“永赖同功。”

这四个字，明明从汪京时代穿越而来，却并不显得多么遥远。两天后，我原路从马边“钻”出来，朋友问我：“马边，到底在哪里？”

我借了陶渊明的话：“不足为外人道也。”

延伸思考

1. 作者在描写马边时引用了《桃花源记》中很大部分诗句，桃花源和马边有什么共同之处和不同之处？

____

____

2. 在结尾之处，作者为什么对朋友说“不足为外人道也”？

____

____

高高的蓑衣岭

名师导读

蓑衣岭的地势十分险峻，它位于大相岭的东面，在地质上是南北向背斜山，山坡十分的陡峭，几乎很少有人穿越过去。因其常年云雾弥漫，雨水滴答，行人翻越，必备蓑衣、斗笠等雨具，蓑衣岭因此而得名。本文中不仅能看到蓑衣岭的险，还可以看到它的悬。

---

❶ 作者把蓑衣岭比作天书，而且还是一层层摞起来的天书，从这个比喻中能够看到蓑衣岭的地势险峻。

[1] 像极了未曾启封的天书，一层层摞起来，便成了高高的蓑衣岭。

大巴蹒跚而上，一如被起重机缓缓吊上了浓密的积雨云。蓑衣岭被浩渺的雨雾束之高阁，悬！随时都会栽入四川盆地的样子。原本要在这里眺望大瓦山主峰、俯瞰大渡河远景、感受彝家古寨的，可五米开外天地不见，唯有巨兽般呼啸的山风，嗖嗖的，夹带着初夏渐暖时节罕有的、刀子般的彻寒和肃杀，似要围歼所有的不速之客。我朦胧中摸到了两块一米见方的、镌刻着繁体字的石碑：一碑曰：蓑衣岭；另一碑曰：蓝缕开疆。落款时间：民国三十一年。

“嗡”的一声，这是古人的泣血文字扑入我记忆的巨响。《左传·宣公十二年》语：“筚路蓝缕，以启山林。”其意指坐着柴车，穿着破衣裳开辟山路。《史记·楚世家》又云：[①]“昔我先王熊绎，辟在荆山，筚路蓝缕，以处草莽，跋涉山林，以事天子，唯是桃弧、棘矢，以共王事。”古人绝不会想到，当年的历史表达，千年后会成为蓑衣岭的标识和象征。碑文背后的故事是：日寇侵华时，陪都重庆岌岌可危。民国政府为了对接滇缅和中印公路，支撑驼峰航运，决定打通川康天然屏障修建乐西（乐山到西昌）公路，于是征调川康彝汉“蓝缕”乡民20余万人，从1939年到1940年，修建了这条长达525公里的“天路”。代价无疑是惨重的：[②]因饥饿、疾病和劳累造成3万多人伤亡，其中3000多人殒命，平均每公里死亡8人，而在蓑衣岭，曾发生一夜之间冻饿而死200人的惨剧……可“蓝缕”的民族，却从此有了浴火重生的通道。

❶ 在这里，作者直接引用《史记·楚世家》中的原文来表现蓑衣岭地势的险峻和路途的艰辛，也丰富了文章的内容。

❷ 通过引用具体的数字指出，当时修建“天路”的代价是有多么的惨痛，这些具体的数字，不仅能增强文章的真实性，还能突出其气候条件之差。

彝族朋友告诉我：“蓑衣岭海拔2800米，雨雾天气占到90%，这里根本不是人生存的地方。”

蓑衣岭像古人的一个设问，而乐西公路，像是专门用来回答的。自以为走遍名山大川的我，此时无话可说。要说，只能勉强说给自己。历史和现实的风雨同时呈现，我却无法做到完美的一问一答。尽管，“蓝缕开疆”更像一次启蒙，或者，一次唤醒。

在蓑衣岭停留不到半小时，我已浑身尽湿，我明白这样的大山为什么叫蓑衣岭了。“蓝缕”们可以蓑衣加身，可蓑衣岭自己的蓑衣，除了雨雾，还是雨雾，我本人也仿佛变成了一滴雨或一片雾。雨雾如铜墙铁壁，可它分明有呼吸，有目光，有直觉，有语言。到底是什么语言呢？比如：你这是从哪里来？又要到哪里去？

“这还不是最高处，真正的主峰是大瓦山，海拔达3236米，可我们认识它仅有百年。1878年美国自然科学家贝伯尔首登大瓦山，才揭开了其神秘的面纱，被贝伯尔称为‘世界上最具魔力的天然公园’……非常可惜，这样的天气，你无法攀登大瓦山。”彝族朋友说，当年继贝伯尔之后，西方探险家纷至沓来。1903年，英国植物学家威尔逊登大瓦山时，专门带上了两只猎狗，可猎狗被万仞悬崖吓得“汪汪”直叫，威尔逊只好用布条蒙上了猎狗的双眼。可是，攀爬当中，猎狗仍然受了惊吓，差点连人带狗摔下悬崖……

近在咫尺，形同天涯。大瓦山，反而像一个零距离的传说。据说，大瓦山和遥遥相对的峨眉山并称姐妹山，[1]站在峨眉山上往这边眺望，会发现三面绝壁、顶部平坦如桌面的大瓦山像传说中的挪亚方舟，一些驴友登顶看日出，曾发现佛光……

❶ 作者把大瓦山比作传说中的挪亚方舟，生动形象地写出了大瓦山的地势陡峭。

此刻，真正属于假象的反而是我的眼睛。我本能地开始了轻轻的抚摸，抚摸一个比牛腰还要粗至少三倍的大石碾子——据说这种质地坚硬的石碾只有用大渡河里的巨石才能雕凿而成。当年平整路面的时候，至少需要20多个“蓝缕”汉子才能拖动。说来汗颜，之前我对大渡河的了解，只有两条从时光隧道里穿越而来的信息：其一是石达开的10万太平军曾覆灭于大渡河畔的安顺场，其二是红军在大渡河畔的泸定桥绝处逢生。两次重大的历史事件都是大渡河的杰作，可此刻的大渡河无影无踪，而石礅子在着，它把大渡河特殊的气质、气味、气场从大地带到了高高的蓑衣岭，叩问苍天。它只是大渡河里万千巨石中的一个，而此刻，却成了蓑衣岭唯一睁着的眼睛。

我下意识地自问，我这是抚摸蓑衣岭，还是抚摸大渡河？是在抚摸过去，还是抚摸当下？一百年，在历史的长河里不过一瞬，可在这一瞬里，所有的奇迹原来并没有停止过。①我脚下的2000米深处，有一条由北向南的钢铁大动脉，那是1958年到1970年历时12年建成的成昆铁路；而大瓦山某处的齐腰地带，像镂空的蛛网，那是1969年到1977年历时8年建成的战备仓库。如果说乐西公路被雨雾呵护在历史的帷幔之中，那么，成昆铁路、战备仓库则像大山躯体内的虎踞与龙盘，而进入21世纪以来的一轮又一轮扶贫攻坚战，则成为彝汉老百姓与自然、与命运博弈的时代乐章。大巴从蓑衣岭盘旋而下，我沿途看到了这样的标识：大瓦山红豆杉产业扶贫基地、食用菌产业扶贫基地、老鹰茶产业扶贫基地……

❶ 作者连用了两个排比句，既增强了文章的气势，而且很详细地写出了人们当时建造铁路和仓库的艰难，表达了作者的敬佩之情。

在一个易地搬迁后的彝家新寨，彝族朋友东南西北指给我看：“那里，看到了吗？有云的地方，曾经是我家；那里，对，瀑布的顶端，曾经是阿伦叶丹的家。”

无论怎样指引，我总觉得他的指头是朝天上的。

❶ 作者通过记叙古代彝族人们的生活方式，能够看到他们祖祖辈辈的生活都是靠山吃山靠水吃水，体现了自然和人类之间和谐共处的画面。

❷ 在这一段的环境描写中，作者从瀑布写到水车再到石阶，可以看出顺河村的自然环境是非常优美的，就仿佛一幅精美的画卷。

“云深不知处”。可就在那云飘瀑挂的万仞之巅，彝人曾经祖祖辈辈生活在那里，①下山靠树藤绳索，种田靠刀耕火种，围猎靠弓箭刀叉。顺着手指的方向眺望，我屏息静气，“恐惊天上人”。但我还是长长地舒了一口气。如今的山洼处、小河边、竹林中，一片片层层叠叠、崭新鲜亮的“醉美彝寨”拔地而起，像彝家人眼里神圣的转转花，蕴蓄着浓郁的复古意味和时尚的审美意趣。②比如被誉为“水墨画卷”的顺河村，飞瀑四周环绕，水车缓缓旋转，石阶错落有致。可谓村在画中，画在村中。在村文化中心的“农家书屋”，我居然发现了自己的散文集:《眼观六路》。

“我又要‘开疆’啦。”彝族朋友问我，“您明白我的意思吗？”

我当然明白的。在蓑衣岭，他就告诉过我，他本来要去山下新建的一家水电站工作，但现在想法变了，正在考虑与汉族朋友合资，在蓑衣岭建一个旅游观光点。

“可是，高高的蓑衣岭，啥也看不见啊！”

“其实您眼观六路，啥都看见了。”

大渡河畔，我捡了一个小石头。没人知道我为什么要把它带回家。

延伸思考

1. 文章中的哪些描写可以印证彝族朋友说的蓑衣岭根本不是人生存的地方？请至少列举3条。

____

____

2. 文章中写到了蓑衣岭地势险峻，写到了为了修建这条长达525公里的“天路”而付出的代价，是想表达什么？

____

____

广安石诗话

名师导读

广安为四川省辖地级市，而广安的这一块石头，又有什么传奇的故事呢？可能在很多人的眼里，也对于同一个事物有着不同的看法。那在作者笔下的广安石又是怎样的呢？在本文中，作者写到了一处普通的石头，但是因为这个石头却引发了一系列的故事。

为了求证一个洋芋，我用实事求是的态度，面对那块石头。

是我首先发现了它，可同行的文友却说："也许，是它首先发现了你吧，谁让你把石头认作洋芋呢？"

像是作诗了。[1]我至今记得与石头相逢的那个瞬间，分明是人间一次诗意的偶遇。目光像是连了线的，重重地一拽一牵，像积蓄了四十年的力量。这是广安市武胜县沿口镇的午后，顺坡而建的鳞次栉比的吊脚楼、明清年间的青石老街和坡前的现代化田园融为一

❶ 作者用拟人的修辞手法把目光拟人化，用文艺的口吻给读者详细地描述了"我"第一次见到这个石头的情景，就仿佛是冥冥之中自有安排，写出了作者和石头之间的缘分。

体，宁静而安详。

我抱起了它，沉！足有十几公斤吧。它其实是遍地石头中最不起眼的一个，可有趣的是，我们采风团里至少有三人一开始就把它认成了洋芋。来自北京的邱华栋老家在新疆，来自上海的陈仓老家在陕西，而我这个天津卫，其实籍贯是甘肃天水。只是，四十年后，我们的身份各自由疆甘陕变成了京津沪。当年在苍凉旷远的西部老家，①吃拌汤不能没有洋芋，吃馓饭不能没有洋芋，吃面条不能没有洋芋，这还不包括洋芋疙瘩、洋芋搅团、洋芋馍、烤洋芋、炒洋芋、煮洋芋……有句穷幽默，民谣一样流传：“陇上三大宝：洋芋、土豆、马铃薯。”

❶ 作者写出在自己甘肃老家，洋芋在日常饮食中的重要性，日常饮食都不能少了洋芋，洋芋的做法也是多种多样的。

还有一句苍老的口头禅：“咱啊！都是洋芋肚子。”

老话往往是历久弥新的，可唯有这句，早已被四十年的岁月悄然尘封。洋芋，像是我们流逝的童年；而中年，却靠近了四十年后的这块石头。一位广安诗人即兴吟来：“它真的是洋芋＼那是四十年前的一次开始。它真的不是洋芋＼那是四十年前的一次结束。其实它只是广安的一块石头＼只是为了撞开你的记忆……”

一块普通的石头，顿时成为那天的热点。②小说家认为，这块石头是会说话的；诗人认为，这块石头是会飞翔的；纪实文学作家则认为，石头上细微的纹理，便是广安大地上嘉陵江、渠江、御临河的模样，那微微的隆起，如若不是名扬四方的华蓥山、金城山、宝箴塞，还能是什么呢？

❷ 作者运用了排比的修辞手法，把小说家、诗人、纪实文学作家眼中的石头进行了不同的描写，能够看出在不同人的视角里这块石头的意义是不一样的。

突然想到一句歌词："有一个美丽的传说，精美的石头会唱歌……"

所谓精美，原来也可以这样普通，比如洋芋，或者石头。

"这样的石头，该有个名字吧。"我说。

一位诗人说："只有名石才有名字呢，像寿山石、青田石、昌化石、巴林石什么的。"

"那，如果叫广安石呢？"

面对所有的镜头，我怀抱石头，站在一棵高大的黄桷树下。我忘了看镜头，目眺远方。后来我常常想起那一刻的表情，是否真的属于摸着石头过河的那种，而当时的眼前，是否真的有过一条河流的模样。可是当年，十五岁的广安少年邓小平踩着这样的石头——他一定是摸着的，从老城南郊的渠江东门码头乘舟东去。他走得很远，归来时，把另一个世界带到了中国，当然，也带到了他的故乡。在广安，随处可见"思源"二字的标识，比如思源大酒店、思源公园、思源广场……何为源？现场一位诗人这样吟来："源\是承包地\源是开发区，源\是一个春天的故事。"

广安的一位老者告诉我："最实事求是的诗歌，其实就一句话：小平，你好！"

平时出门远行，我习惯带一块小小的普通石头回家，乃至于我的书房快要成"石头坊"了。[①]不为别的，只为以我的方式，给来自天南海北的石头们提供一个牵手、相拥、对话的机会。可这块石头实在太大、太沉，远远超过了我负重回归的预期。踌躇再三，我最终让

❶ 作者运用拟人的修辞手法把石头拟人化，赋予石头人的情感。通过这个句子，也能够看出作者对收藏的石头的喜爱之情。

石头回归原处。可陈兄却吟咏:“你如果不带走石头\我就要把咱的故事带走。”

我意外发现，陈兄居然抱起石头，一转身钻进一家酒坊，出来时，石头已经被烧酒洗得溜光。古老的青石老街上，顿时醇香弥漫。

[1] 我说:“你洗石头，为什么要用酒?”

他沉吟良久，说:“不是洗，是同饮。”

石头，我必须要带走了，它最终成为“石头坊”中的一员，并做了标签：广安石。前些天，奇石藏家某君造访。他当年历经饥寒之苦，如今已是津门商界牛人。我曾参观过他的奇石阁，但见各种名贵奇石形态各异，琳琅满目，争相竞秀。记得他当时就讲:“我这些宝贝，每一个来历非凡，价格不菲。”

可这次，他却盯住了我这块石头，轻轻抚摸着石头的纹理。“它，我藏定了，老弟务必成全。”

“这不是你要的那种，这是广安石。”

“可我这半辈子，在摸着石头过河啊。”

说话间，他轻轻抱起石头，俨然一位诗人。

❶ 通过直接引用“我”和陈兄的对话，能够看出陈兄对这块石头的执念至深，已经把石头当成了一个挚友，更能突出这块石头的与众不同。

延伸思考

1. 在文章中作者写到了我们的身份从疆甘陕变成了京津沪，从中能够看出什么?

2. 文章中的石头真的有这么大的魅力吗？虽然是一块看似普通的石头，但这背后吸引到众多人的是什么?

第四辑

人文回眸

人间香火，香火人间，岂止一句薪火相传就能解得？一座小城，居然留存各类祠堂、会馆、寺庙100多座。在这古夜郎国属地，香火分明是有声的，一如古乐有踪，民风有痕。

作家带你练

【预测演练】

阅读下面的文字，完成下列各题。（18分）

日子里的黄河

①“日子，就是一担水。”从黄河儿女的这句口头禅里，我闻到了烟火味儿。

②小时候，我不懂。“黄河远上白云间”，那滔滔的黄河水，该是多少担水啊！把黄河与日子联系起来，我总是想到扁担、木桶和黄土高坡上的羊肠小道。一位长满花白胡子的老人说：“其实，咱和黄河天天见哩，咱都是女娲蘸着黄河水抟着黄土造出来的，都是黄河的娃哩。”

③至今想来，这句话意味深长。中国的乡村，到处都有龙王庙。求水的日子里，成千上万的人高举火把，在苍天之下、大地之上跪成一种无与伦比的虔诚和渴望。在红烛的火焰和紫香的缭绕中，庄重、慈祥、平静的水龙王，俯瞰众生，目光里蓄满了母亲才有的表情，她身上倾注了芸芸众生对河流的崇拜和念想，她是龙，也是水。当一担水挑回家，炊烟袅袅升起，日子里所有的滋味儿都有了。喝

一口黄河水，一种宗教般的庄严，在我内心驻留、伸展、蔓延。

④我有理由断言，黄河的文化源头早已超越了地理意义上的故乡——青藏高原巴颜喀拉山北麓的约古宗列盆地，超越了天下黄河“九十九道弯”的文化空间，同样超越了黄河五千四百六十四公里身长所辐射的疆域。黄河用上百万年的耐心和胸襟，轻轻拥揽了西北、中原、华北几十万平方公里的土地之后，苍生尽在她温情的怀抱里。

⑤沿着黄河走，我发现，黄河对人类精神的浸润和人类心灵对黄河心悦诚服的接纳，早已成为一种双向力量。假如，百万年前中国西部的地质变化没有为黄河的诞生提供可能，那么，谁来给我们提供一担水的意义？黄河流域的掌心里，到底还有多少超越五千年的华夏文明遗存，至少当下无从得知。也许，我们真的只是领受了黄河文明的一角。置身历经千年风霜的殿堂和古柏，耳闻经久不息的钟声，我们只知道，历史刚刚从史前向殷商走来，从秦汉向唐宋走来，从明清向当下走来，“奔流到海不复回”。

⑥荀子说：“不积小流，无以成江海。”一条又一条黄河的支流，跨越时空，奔流不息。每一条支流都是每一担水的合计，都是去黄河那里“赶集”。在黄河沿岸的乡村，你侧耳谛听，一定能听到这样的声音：“滴答，滴答，滴答。”那是屋檐水的声音，也是黄河的声音，更是父老乡亲血管里的声音。她最终在华北汇入苍茫的大海，带去的，是这片土地的表情。

⑦少年时代，我一度迷恋西方哲学，但有一位外国朋友告诉我：“我不敢轻视中国哲学，因为有一条河，它叫黄河，是一首叫哲学的诗。”诗？我的耳畔，顿时响起先秦以来黄河两岸的低吟浅唱：“坎坎伐檀兮，置之河之干兮”……“所谓伊人，在水一方”……“劝君更尽一杯酒，西出阳关无故人”……

⑧每一句艺术的经典，都是日子的投影。在我心灵崖畔的视野

里，古人和今人的艺术联系、传承，根脉如此密不可分。那史前人类遗址中陶罐、陶瓶、陶盆上镌刻、描绘的符号，那用简单的线条、笔画对河流、鱼虾、白云、牲畜、狩猎、祭祀的表达，那云冈石窟、龙门石窟、敦煌石窟、麦积山石窟中的雕塑、壁画……那一刀又一刀，一笔又一笔，一画又一画，分明是一支支反复吟咏的民谣，民谣里蓄满了所有关于日子的歌。这些歌，伴随着黄河的涛声，经久不息。当艺术融入人们的日子，那不就是一曲几千年的黄河大合唱吗？

⑨一直在想，在中国，每当中华民族处于生死存亡的十字路口，为什么人们首先想到的是黄河？“风在吼，马在叫，黄河在咆哮，河西山冈万丈高，河东河北高粱熟了……”也许，社会学家给出的答案是母亲，哲学家给出的是精神，政治家给出的是人民，美学家给出的是气质，历史学家给出的是传统……一位农民却这样回答我：“风水。”我的理解是，黄河流域的气候、土壤与地貌，体现了农耕文明更多的特征，“河东河北”密不透风的高粱，既给黄河儿女以日子，同时也为黄河儿女抗击外来侵略提供了天然屏障。“黄河在咆哮”，那是对敌人的怒吼，也是对儿女的召唤。

⑩毋庸讳言，近百年来，中国东南沿海地区创造时代文明的步伐要远远比黄河流域快，这得益于现代工业、海洋文明的进步与发展。“源头不会变，风水轮流转”，这不光是一个历史问题，也是一个生态问题。变与不变之间，人与自然的作用力，可以海枯石烂，也可以沧海桑田。

⑪我们一定不会忘记这样一段歌词：“我的故乡并不美，低矮的草房苦涩的井水，一条时常干涸的小河，依恋在小村周围……”我在黄河流域考察农村饮水现状的时候，再次看到了农民肩膀上的一担水，那，还是我小时候见过的清冽的水吗？那分明是稠泥浆。有个不争的事实是：黄河瘦了，近几十年来，曾频频断流。一条条排污管道，像罪恶的大炮一样伸向黄河。

⑫“保卫黄河”，半个世纪前的黄河儿女面对敌人发出的呐喊，犹在耳畔，只是，如今黄河的敌人隐藏在哪里呢？要我说，就在我们自己的日子里。信不信，一担水的日子里，什么都看得出来。

（选自2015年11月25日《人民日报》）

1. 作者为什么认为花白胡子老人的话“意味深长”？（4分）

______

______

2. 请简要分析第④段表达上的特点及其效果。（4分）

______

______

3. 文中第⑧段罗列了众多艺术作品，有什么作用？（4分）

______

______

4. 作者在文章结尾说“一担水的日子里，什么都看得出来”。请谈一谈你从本文中看到了什么。（6分）

______

______

名师带你读

滇东的香火

名师导读

在云南，有一片神圣的地区，在这里的人们依然保持着对佛的敬畏。大家所熟知的可能是云南俊美的山河，但大家不知道的是滇东这地区的香火文化。本文作者由香火慢慢过渡到滇东地区的深厚的文化底蕴，在脱离现代化建筑之后是返璞归真的初心。

一支香，两支香，三支香。且高高，且长长。

紫香不过三支，却一如滇东大地所有的人间烟火。三位身着古装的男女老者净手之后，各执紫香一支，点燃，鞠躬，然后虔诚地把紫香插进三尊古色古香的斑铜香炉。星星之火间，青烟袅袅升起。“咚——”倏然一声锣响，古老的《洞经古乐》仿佛从天而降，由地而生。[①] 这天，可是乌蒙山顶所有的彩云之南？这地，可是马雄山怀抱里的珠江正源？

这是会泽会馆的仲夏之夜。乐班由二十多位身着长衫马褂、青鞋白袜的民间艺人组成，他们以说唱与演奏兼蓄之法，演绎着文昌的《大洞仙经》、吕祖的《一贯真经》、观音的《大乘法宝》、武帝的《觉世真经》等多部道家经典的妙处。唢呐、竹笛、二胡……芦笙、铜箫、锣鼓……除了南国特有的芦笙，多是我儿时在西部老家天水就熟悉的民间乐器，可是，这样的旋律却如天籁异声：神奇，舒缓，旷远……[②] 我好歹也算粗通韵律的，可与这样的古乐偶遇，却像一次懵懂、羞怯的初见，一如初见曲靖和陆良的爨碑、罗平的那色峰海、沾益的马雄山、宣威的火腿、会泽的大海草山……

突然想起儿时缠着外祖父讲“古今”的记忆。关于文昌帝君，外祖父是这样讲的：“文昌帝君那可是文昌星哩，是掌管读书人功名禄位的大神。他还主管考试哩，他身旁有两个侍童，一个掌管文人录运簿册，一个手执文昌大印。”

我问：“那，两个侍童叫啥名字哩？”

“一个叫天聋，一个叫地哑。”

“哈哈。为啥叫这样的名字呢？”“意思是能不知者不能言，能不言者不能知，以免天机泄露。”是《洞经古乐》激活了我儿近尘封的记忆，而且我发现，会泽人对文昌遗风的崇尚、敬仰与膜拜，全然融入了浩渺、绵稠的人间烟火之中。“朝朝香火篆炉烟。”那是一支

❶ 作者运用了两个问句，不仅写出了滇东地区山河的秀美壮丽，也写出了滇东大地上自然风光之优美，通过一问一答的形式，使文章的内容更为丰富。

❷ 作者运用了比喻的修辞手法，把“我”听到的民间乐器发出的声音比作一次懵懂、羞怯的初见，能够看出，这其中民间乐器演唱者的技艺高超。

❶ 作者在这里直接引用了宋代词人李曾伯的诗句，直接引用这句诗词能够总结出滇东香火文化的渊源，也丰富了文章的内容。

❷ 通过周围的环境描写能够看到这一所学院的建筑是脱离现代化的风格，保留着古老的特色建筑，能够体现滇东地区对传统文化的敬重。

香、三支香……万支香的精神丛林，是满天的星斗和遍地的灵光。宋人李曾伯云：①“三生香火前因在，一段林峦旧识然。”我明白为什么唯独滇东会诞生神奇的爨文化了。当年，被康有为誉为“神品第一”的晋代《爨龙颜碑》和享有“南碑瑰宝”之称的《爨宝子碑》，千年后被清人发现，几经辗转，分别立于如今陆良县贞元堡小学和曲靖市一中校园内。也就是说，滇东人考量这两块堪称“双璧”的人文香火归宿地时，首选不是浮华喧嚣凡俗之处，而是传道授业解惑之所。爨碑上那些密密麻麻的文字，该是怎样的香火？那是一大早从家家户户被窝里探出的万千眼睛，一眨，可以是一天；再一眨，也许已过千年。

无独有偶，会泽一中校址竟然直接坐落在文庙内。据说此庙始建于康熙六十年，是儒生的“考棚”之所，其前身为东川府的“黉学书院”。有大成殿、天子台、崇圣祠、魁星阁诸等。②院内还有闻名遐迩的云南会馆和容家祠堂。进得院来，但见古木参天，祭坛钟鼓，斗拱飞檐。谁会想到这是一所现代化的高级中学呢？会泽的朋友说：“这里，每年都要举办孔子文化节和成人礼。”

视频中，呈现的是成人礼现场：老师、家长们正在为男子加冠，为女子加笄。一行字幕显示：天降大任于斯人也。

“咱滇东，飞出了不少金凤凰。”一位记者告诉我。我这才知道，云南省第一位留洋女博士就是从这里走出去的，她叫施莉侠。民国十五年，她先是跨越云贵高原的万水千山东渡日本学医，后又辗转大洋彼岸的法国专攻世界现代史。这位美丽的民国女子不仅工于诗词，还通晓日、英、法等多国语言。我看到了她的照片，是一张灿烂的笑脸，像盘江两岸绽放的杜鹃。

时值暑假，我尽管错失书声琅琅、伏案苦读、欢呼雀跃的氛围，但却在这里的每一寸土地、每一个树梢、每一间教室体会到了香火的气息。“丁零零——”这是魁星楼屋檐下传来的风铃声，我却恍惚听成了上课、下课的铃声。①循声望去，数排风铃之下，一尊硕大的香炉扑入眼帘，银白色的香灰蓬松、精细而绵厚，仿佛蕴蓄着滇东人的梦想和诺言。那是星星之火走过的路，蹚过的河，翻过的高原，最终变成了彩云之南最绚丽的一片云彩。

❶ 在这一段的环境描写中，作者从听觉、视觉两个层面写出了滇东地区香灰积累之多，从硕大的香炉之中，就可以反映出平时来这里祭拜的人数之多。

“君王若许供香火，神武门前早挂冠。”我无法想象1600年前爨氏家族在彩云之南构建了怎样庞大的独立王国，发生过哪些惊天动地之事，涌现过哪些经天纬地之人，但近代史上这片土地上的风云际会，却恰如昨夜钟鸣，听来振聋发聩。比如会泽人唐继尧，很多人只知他当年与蔡锷等人一起参与策划、组织了“重九起义”“护国运动”，却很少有人知道当年坐镇昆明的他率先认捐10万元，以自己“东陆主人”的名号创立了云南省第一所高等学府——东陆大学，并以王阳明语“自尊、致知、正义、力行”为校训，提出“以自知力行诲诸生，以自由研究为教旨”的办学主张。当年的东陆大学，就是如今赫赫有名的云南大学。

会泽人喟叹：“云南大学，是我们滇东的一炉香火。”

这样的说法，足以让人凛然一惊。人间香火，香火人间，岂止一句薪火相传就能解得？一座小城，居然留存各类祠堂、会馆、寺庙 100 多座。在这古夜郎国属地，香火分明是有声的，一如古乐有踪，民风有痕。说什么夜郎自大，夜郎不大，你难道想大？

“叮叮……当当……”你会想到这是香火的声音吗？这声音从会泽的“铜匠街”传来，与晨钟暮鼓同频共振，绕梁三匝，宣示着一代代斑铜工艺能手打造绝世精品的姿态和愿景。据说，其中的“张氏斑铜”尤为有名，曾于 1914 年在巴拿马万国博览会上获得过银质奖，一时享誉全球。

“世界莲花藏，行人香火缘。”传统斑铜工艺品多达上百种，可会泽人总会以斑铜香炉举例。据说一个斑铜香炉须经烧斑数十次、捶打数万锤，一丝不苟地走完数十道工序，方能横空出世，成为南来北往风雅之士案头的风景。

我循声走进了这条老街。①街面由大小石块纵横铺排，散而不乱，石面溜光泽亮，石缝青苔盎然。在全国大大小小的城市街道早已成为混凝土加沥青的时代，②这样的街，更像一部不忘初心的天书，仿佛是对滇东大地逐字逐句的注解。那相拥相依的一个个石头，如果说是音符，一定来自《洞经古乐》；如果说是文字，一定属于《二爨碑》的那种，要隶有隶，要楷有楷，还可以隶楷兼备，丈量芸芸众生足的印迹，心的尺度，念的悠然。

我当然是买了斑铜香炉的，并把它带出滇东，安

❶ 作者对老街的环境进行了细致的描写，由纵横排列的石块到石缝中的青苔，这样的原始的城市街道很难在现代城市街道看到，能够反映这个地区的返璞归真。

❷ 作者运用比喻的修辞手法把云南的老街比喻成一本不忘初心的天书。通过这个比喻，能够生动形象地写出云南人对于文化底蕴的尊重，也向全世界展示着滇东文化的魅力。

顿在我天津的书房。

何时点燃三支香，我且不知，但那一刻分明在着，且青烟袅袅。

延伸思考

1. 文章中写到会泽一中开展成人礼的现场，通过这个细节能看出什么？

____

____

2. 作者在文章中的最后一个句子和前面开头部分的句子是否有关联，请简要分析。

____

____

塔克拉玛干的蜥蜴

名师导读

塔克拉玛干沙漠位于塔里木盆地中心，仅次于非洲撒哈拉大沙漠，是世界第二大沙漠，又称“死亡之海”。而在这种极其严酷的环境下，却有一群顽强的小生命在此生存，它们虽然身躯微小，却拼命奋斗。大家不知道的是，盆地中蕴藏着丰富的石油资源。而有那么一群石油人，却世世代代扎根于此，为保障人们的日常生活而努力，他们值得所有人尊敬。

进入“死亡之海”——塔克拉玛干沙漠，世界，像是一把火烧没了。

①只有万古的太阳火炬高擎，大漠像是灰烬，成为太阳最大的战利品。通往塔中油田的沙漠公路拦腰束绑了这份庞大的战利品，像亘古未有的俘获。司机是位维吾尔族大哥，他告诉我，这里地表温度最高达70摄氏度，昼夜温差达40摄氏度以上。大概连太阳也不会想到，沙漠之上可作参照的，除了自己，还有

❶ 作者运用比喻的修辞手法，把大漠比作灰烬，形象生动地写出了塔克拉玛干沙漠的环境恶劣。使读者能够感受到沙漠中是非常酷热的。

一类直立行走的动物，他们有一个专有名词：石油人。

无人区——石油人，构成一个矛盾的概念。矛盾，永远是对立的。

偏偏就撞上了另外一个物种，你会想到是蜥蜴吗？

这是在塔中油田的南缘。一只蜥蜴像是从地球上冒出来，瞬间打乱了我们对大漠的思维阵脚。①与内陆的蜥蜴比，它实在太小，肌肤与沙砾同色，像沙漠公路两侧的骆驼刺、沙拐柳、红柳幻化而成的精灵。稍不留意，你不会认为有一种运动的沙砾其实就是蜥蜴。它身手敏捷，在身后细绵的沙漠上留下一道道生命的轨迹。如书法家一笔下去，水潭里顿生一丝丝、一抹抹奇异瑰丽的云岚。如果不是循着这种轨迹，我会疏忽一种源头：生命。蜥蜴直奔我们丢弃的西瓜皮儿。

❶ 通过对比的修辞手法，把内陆的蜥蜴和沙漠中的蜥蜴进行了对比，能够看出沙漠中蜥蜴的微小。

“唉！生活在这鬼地方，真是个小可怜。”有人感慨。

②是小可怜吗？小小的蜥蜴，却让太阳和大漠的狰狞与狂妄，彻底失败。

❷ 作者通过一问一答的形式，写出沙漠中的蜥蜴虽小，但是却能够顽强地在这种恶劣的环境下生存下去，能够体现蜥蜴顽强拼搏的精神。

唯一见到的所谓绿洲，其实是钻塔耸立的塔中油田。现代化的作业区和生活区，被高高的白杨树和婆娑的红柳环绕，像一个内陆常见的工业小镇。这里已建成 7 个油田区块、121 口生产井以及 14 座集输和处理场站，有近百名职工从事石油生产。风从沙丘上漫过，音乐、歌声和机器的轰鸣声从油田那边传来，断断续续，零零碎碎。在茫茫大漠里，那只是一隅，或者，一个小点，最后，你完全可以忽略塔中油田的存在，老远望去，它只有寸许，像一只小小的蜥蜴。

再远去一些，回首，塔中油田由影影绰绰变得似有似无，最后，不见了，它是沙砾中最微小的一粒。

陪同我们的库尔勒作家李佩红给我们介绍，① 这里的石油工人已经是第三代、第四代了。有的来自东北丰饶的黑土地，有的来自江南水乡。他们认准了石油，于是义无反顾；他们认准了大漠，于是义无反顾；他们认准了属于自己的一条路，于是义无反顾。

❶ 作者通过三个排比句写出了石油人坚定不移的信念和为石油这个行业奋战到底的决心和意志。排比句增加了文章的气势，也让人了解到石油人的不容易，心生敬佩之情。

蜥蜴如果不是认准了什么，他会选择沙漠吗？

某一年，有位老一代石油人返回上海探亲，原计划好好与亲人聚个一年半载，美美享受黄浦江畔的诗情画意。可是，老人惊讶地发现，他已经不习惯大都市的车水马龙和灯红酒绿，难以适应钢筋丛林构筑的现代生活。不到一周，毅然要求返回库尔勒，返回塔里木。

上海的亲人无法理解他："沙漠的日子，把您变了。"

他说："感觉上海已经不是我的了，我也不是上海的了。沙漠无路可走，但有我的路。"

夜宿古龟兹国所在地的库车市，外出漫步，我与一位懂汉语的维吾尔族大哥聊起这件事，他说：② "这有啥奇怪的，老人如果带一只沙漠的蜥蜴去，准死。"

❷ 从维吾尔族大哥说的这句话里，我们不难看出老人已经适应了塔里木的环境和生活，就如同沙漠中的蜥蜴。塔里木是他们奋力扎根的地方。

回到天津家里，楼外的墙壁上爬满壁虎——这是蜥蜴的一种。它们要比我在沙漠里见到的蜥蜴大好几倍。③ 它们轻盈地捕捉飞虫，像一种生命的游戏，身后却干干净净，没有一丝一毫的痕迹。

❸ 作者回到天津之后，对家里的壁虎也进行了描写，通过对壁虎轻盈的动作和沙漠中蜥蜴身后的轨迹描写，能看出沙漠中蜥蜴生活艰难。

一位大娘正在熟练地做煎饼馃子，蓝色的火焰来自脚下硕大的燃气罐儿。开关被大娘旋到了极限，火焰奔腾着，像大漠上的蜥蜴，在环绕着一块西瓜皮手舞足蹈。

我问："您知道这燃气是从哪里来的吗？"

大娘怔了一下，说："整天忙着带孙子，我哪有闲心打听这个呢。"

而我的追问，再也没有继续。

延伸思考

1. 在文章的最后，作者写到了一位大娘做煎饼馃子的场景，看似和本文没有实际的联系，作者为何不删掉？

____

____

2. 作者在文章中写到了沙漠蜥蜴是如何生活的，作者只是想表达蜥蜴生活艰难吗？

____

____

3. 你认为本文作者对石油人是什么样的情感和态度？

____

____

我在天津过大年

名师导读

每个地方都有不一样的年俗和年味，你印象中的天津话是不是非常有趣？本文对天津的年文化进行了细致的描写。相信很多人都是身处像天津这样的大城市中，远离故乡，有时候过年也难以团聚。那就让我们一起走进天津，去看一看作者在天津是如何过大年的吧！

我在天津过大年，大年也把我当年过了。

[①]“独在异乡为异客。”二十多年前我从甘肃天水初来乍到，尚属一条正宗光棍，对天津的大年不明就里，第一个年就被家家户户窗外“呼啦啦”飘荡的红色吊钱看傻了眼。年初五应邀在朋友家小酌，忽闻邻里“哐哐”巨响，大有力拔山兮之猛，疑似劈山救母。惊问其故，友曰：“今儿‘破五’，介是咱天津人‘剁小人’呢。”我愕然，人间纵有万千小人，怎经得如此山鸣谷应。我复问：“咋个剁法儿？”友曰：“其实剁的是饺子馅儿，

❶ 作者直接引用了王维的《九月九日忆山东兄弟》的原句，能够看出作者身处异乡之中的孤独感，从后面的记叙中也能看出作者面对新环境的不适应感。

只是比平时更玩命了些。”

明白了。把“小人”剁成肉泥儿,包了,煮了,吞了,满天津城便是谦谦君子的天下。既然是为了人性澄明,河清海晏，这个逻辑我必须认下。一年到头，人人都在三百六十五天的凡俗尘世里过日子，跑光阴，奔前方。各色人等，事业有上有下，营生有高有低，免不了与小人的觊觎、暗算、妒忌过招。“君子不计小人过。”好嘛！那就攒到大年初五算总账，把你小子给剁了。只是我想,小人一定也要“剁小人”的吧,剁了“小人”，自己方可一跃而变成君子，这样的念想倒是了不得的好呢。

两年后我成了家，这才发现真正走进了天津的大年。[①]腊八粥是要喝的、腊八醋是要品的。腊月二十三是灶王爷升天的日子，买糖瓜儿那是必须的。腊月三十的饺子雷打不动。大年初二叫“姑爷节”，满大街的姑爷们都由媳妇陪着，规规矩矩去拜见丈母娘。作为环渤海地区的经济中心，天津好歹拥有千万人口，但每到大年，平时熙熙攘攘、摩肩接踵的街道顿然归于安静，堵车没有了，拥挤没有了，街面足可倒骑毛驴儿撒大欢儿，多数南腔北调瞬间蒸发，只剩“嘛”“哏”“介”。当然，或多或少也有外地口音的，比如那个叫秦岭的男子，据说很不错的一个人，却没学会天津话，那天他一家三口走在大街上，不像是他领着母子，倒像是母子陪着他。你说介是干嘛？介是初二，你说介是嘛？

几天长假，天津城仿佛还给了天津卫，还给了年，

❶ 在这段描写中，作者列举了很多天津过年的习俗。通过这些有趣的习俗，也能够让读者更加了解天津的年文化，从这些描写中能够看到作者越来越融入天津当地的生活了。

❶ 经过长假之后的天津仿佛又从之前的熙熙攘攘和热闹回归到平淡之中，这句话能够起到衔接的作用，引起下文中对“留住”的描写。

还给了“吃嘛嘛香”。[1]所有的自信与安逸、喧嚣与恬淡统统回归民间，回归到一个家。日子仿佛在信马由缰之后，突然勒马回头，和盘托出了古老与传统。这让我想到两个字：留住。

留住的岂止是600年天子门户的根基，天津的年分明在告诉你：无论世事如何变幻，咱介就是个介，介是嘛？九河下梢大码头。

“直把他乡当故乡。”天津的年理所当然便是我的年，因为客居，我的年又成了梅开二度的样子，一头开成了津门，另一头开成了陇上。每临年关，陇上总会有琳琅满目的年货寄来：[2]兰州百合、天水松籽、花牛苹果、甘谷辣椒、康县木耳、陇南浆水、民勤羊肉……一份份年货，往往以包裹的形式跋山涉水来到我身边。那边有人一层层裹好，这边有我一层层打开。那一裹一开，岂止是一份年味儿？听天津相声，品故乡美食，那滋味，只有咱自己亮清。

❷ 兰州百合、天水松籽等都是作者故乡天水的特色美食，具有很强的地方特色。

[3]天水比天津要小一些，却是羲皇故里，历史上下达8000年，这注定了老家大年的另一种模样。除了天津独有的吊钱，其他风俗章法倒是大同小异，但有两件盛事应是独一无二的。一个是正月初九玉皇大帝诞辰日那天的“朝观”，另一个是正月十六“三皇”之首伏羲诞辰日那天的“朝人宗”。彼时玉泉观、伏羲庙两处圣地人山人海，万头攒动，像是大地与苍天、众生与先祖的一次相约。古老的秦州城一时万人空巷，安详如月。

❸ 运用对比的修辞手法，作者在这里将天津和天水的过大年的风俗进行了对比，作者在这里突出了天水两件独一无二的盛大节日，即“朝观”和“朝人宗”，写出了天水特色的风土人情。

那一刻，常有故乡的微信频频发来：“此刻，你干啥着哩？”

这问候非常有意思，好像我远离了故土，生怕过的年就不是个年似的，我就提供了唯一的答案：“过年着哩。”

“吃的啥？”

“饺子。”

“啥调料？是我寄的辣椒面儿吧。”

“嗯。”

一问一答间，竟让我这粗拉拉的大男人眼眶有些湿润，一时不知我在过年，还是年在过我。思来想去，仍绕不过那个词：留住。

年，真的就是一种留住吗？可如若不是留住，那又是啥呢？

他乡故乡，故乡他乡；津门陇上，此年彼年，因了一个年，方知岁月里所有的一切，都在着。

延伸思考

1. 通过这篇文章的叙述，作者向我们展示了天津和天水的特色年俗，能够看到作者怎样的思想感情？

2. 文章中从“独在异乡为异客”到“直把他乡当故乡”，能够看出作者心理上什么样的变化？

远去的眼泪

名师导读

杜甫《春望》中的“感时花溅泪，恨别鸟惊心”的“泪”是面对破旧的国家和山河的爱国之泪；李商隐《无题》中的“相见时难别亦难，东风无力百花残”是相思之泪，而本文中远去的眼泪则围绕着“我”和金教授的故事展开记叙，去看看这种远去的眼泪是为何而流。

---

❶ 在文章的一开始，作者就对眼泪进行了非常细致的描述，能够吸引读者的注意力，开始好奇是怎样的眼泪才是如此透亮和饱满。

① 那样的眼泪，像在天上，远；像在地上，还是远，容易让人联想到海市蜃楼般的客套。可那泪是真的，饱满，透亮。

韩国人金教授的那张脸，泪已成行，让我一时不知所措。内心的忧伤让他表情的每一个角落都阴雨绵绵。他摘下眼镜，用纸巾轻轻擦了几下眼角，重新戴上眼镜的时候，他用不太流利的中国话说：“真不好意思，我太激动了。”

这是分别的一刻，首尔国际机场大厅和人间所有的码头一样，热闹非凡，你根本不会想到这是别离或相逢。[①] 多年来行走四方，我早已习惯了这样的氛围和客套，比如一如既往的拥抱、挥手、借助于随同翻译的告别话语，等等，所有的留恋和笑意，即便装，也要装在脸上的。然而，金教授却哭了。

❶ 通过对比的修辞手法，将“我”此时内心的所想所感，包括对留恋的伪装与金教授的哭泣，形成了鲜明对比，能够看到金教授是一个真性情的人。

说什么“男儿有泪不轻弹”，人间唯有眼泪，装不出来。

也不是没有感受过这种陌生的泪别，但那是在中国的古典诗词里，比如[②]“重叠泪痕缄锦字，人生只有情难死”“滴不尽相思血泪抛红豆，开不完春柳春花满画楼”“君且醉，君不见、长门青草春风泪”“不见去年人，泪湿春衫袖”诸等。可是，那样的眼泪与诗词一样遥远，像尘封在古籍中的一枚泛黄的书签，可金教授却分明把这枚书签抽了出来。

❷ 作者引用了古诗中描写眼泪的诗句，能够体现作者的文笔和丰厚的文化底蕴，引用古诗词句更加能够丰富文章的内容。

也不是没有缘由，只因我们团队中有人突然乐呵呵地冒出了一句话：“谢谢你们这几天的陪伴，回国后，我会想死你们的。”

这是当年国内最为时尚的一句流行语，我们心领神会地放声大笑。

“想死你们”语出某年春节联欢晚会上相声演员冯巩的开场白，冯巩到底想不想观众，或者是否真的到了“想死”的地步，我不知道，但这句话却非常符合大众的游戏心理。记得那年我们和冯巩一行在天津见面，宾主双方几乎异口同声：“想死你们啦！”笑声顿时排山倒海。那样的现场，如果真有人被感动得泪如雨下，一定是犯了神经的。逗与被逗，被逗与逗，彼此乐呵，这就对了。

一开始，我们并没有意识到韩国朋友们的反应，他们只是不明就里地陪着笑了笑，可当翻译把那句话完整地翻译过去之后，他们不笑了。

金教授的眼泪就是那一刻夺眶而出的，他的语气有些哽咽：①“你们中国有句古诗‘弹泪别东风，把酒浇飞絮’，可我这泪，是抱歉的泪。你们这么想我们，我感到很自责，这些天，我没有陪好你们。”

❶ 通过直接引用金教授的语言，能够看出金教授发自内心对好友离别的不舍之情，从金教授直接的语言之中，也可以看到他的自责和愧疚。

我赶紧解释：“那是一句玩笑话，您不用当真。”

“哦……难道，想我们，不是真的？”

轮到我尴尬了，我甚至未能想起金教授引用诗句的出处，事后方知，金教授借用了清人蒋春霖的名词《卜算子·燕子不曾来》。原词是这样的：“燕子不曾来，小院阴阴雨。一角阑干聚落花，此是春归处。弹泪别东风，把酒浇飞絮。化了浮萍也是愁，莫向天涯去！”

实际上，金教授是一位非常尽职尽责的学者，记得几天前我们的飞机刚刚从北京降落在仁川，金教授就迎上来：“你们辛苦了！”

我们理所当然地把金教授的话理解为一种客气，但韩国翻译说：②“你们的飞机晚点了，金教授在机场整整等了三个小时。”

❷ 侧面的语言描写，通过韩国翻译说的话，能够看出金教授是非常热情好客的，也能看出金教授为人善良，虽然在机场等了整整三个小时，但一句抱怨的话都没有。

也许因为我们习惯了晚点和被等待，对翻译传递的信息，我们除了程式化地表示歉意，注意力很快就转移到对仁川的观察了。大巴向首尔方向行进，我们的目光仍然投向窗外寻找神奇。这里，是当年朝鲜战争时美国海军登陆的地方。

我偶然发现，金教授悄然走向空荡荡的后排，捧起了盒饭和泡菜。我意识到，为了等我们，他准错过午饭了的。我赶紧给他递过去了一根天津麻花。从他的眼神里，我读到了理解与感激。

后来的时光里，金教授陪同我们在首尔、龙仁、春川等地的大学、文艺团体参观和交流。在春川，大家走进了著名乡土作家金裕贞的故居。我对“乡土”两个字有着特殊的敏感，在一排书架前流连忘返。①一回头，才发现团队已经上了大巴，只有金教授默默地陪着我，我赶紧放下书本准备追出去，可金教授却说：“如果您喜欢感受金裕贞，我多陪您一会儿，我也喜欢乡村和乡土文学，我老家就在美丽的江原道。我读过您的韩语版散文，也是写乡村的。”

❶ 这个细节描写也表明了金教授作为学者是非常通情达理的人，“我”着迷于书中的乡土文化，而其他人都已离去，只有金教授默默陪伴，也突出了这两个学者之间的惺惺相惜。

我那篇小文，是出访前国内有关文化组织翻译到韩国的，实在不值一提，没想到金教授已提前读了。他说：“我原以为您是天津的，读您笔下的乡村，才知道您老家是甘肃的。我经常去中国，却没有去过甘肃，我因为敦煌才知道甘肃，可是，敦煌太遥远了。”

我说：“您下次来中国，我可以陪您去看看。”

“真的？那咱定个具体的时间吧，我可以承担咱俩的所有费用。”

②我反而噎住了。作为甘肃人，老家天水距离敦煌少说也有三千里的距离，我压根就没去过，客居天津后，机会更是少之又少。何况去哪儿不去哪儿，完全是身不由己的。金教授显然把我习惯性的客气误判成了盛情。我只好把客气进行到底：“时间，咱另定吧。”

❷ 前文中写到远在韩国的金教授一提到甘肃非常神之向往，而作为老家在甘肃的“我”，却压根没去过也没想过去看敦煌，突出了“我”内心的惭愧之情。

“太好了！我期待那一天的到来。”

我神经质地拥抱了他，不是为了履行高贵的礼节，而是因为无言以对。

后来我还真随同一个艺术家采风团去了敦煌，我当然没有任何条件邀请远在韩国的金教授同行。那天的沙漠气候奇热，一滴水瞬间就会挥发殆尽。在莫高窟的一个沙包上，我意外地看到了难得一见的海市蜃楼，像在天上，远；像在地上，还是远。顿时，两行滚烫的热泪溢出了我的眼眶。

我轻轻掏出纸巾，却发现已无泪可擦。

延伸思考

1. 在文章中提到了两次泪水，一次是在开头，一次是在结尾，这两次泪分别代表着什么？

______

______

2. 结合本文，请说说金教授是一个什么样的人。

______

______

一枚戒指在布鲁塞尔等我

名师导读

卢布塞尔是比利时的首都和最大的城市，位于塞纳河畔，拥有着精美的建筑和博物馆，整个城市以皇宫为中心建立，非常的华美。在这篇文章中，作者以一枚戒指为线索，讲述了自己在布鲁塞尔遇见这枚戒指的故事，那就跟着作者一起到文中去看看吧！

她就这么等我，一枚精美的戒指，在布鲁塞尔的凯旋门广场。

不像故事。没有构成故事的内核，倒像一个传说，分明是。

六月欧洲的乡村，荡漾着梦一样的绿海碧波，①而城市的风韵，更像是古色古香的老盆景，那种气息分明与生俱来而非人为营造。位于比利时的布鲁塞尔的凯旋门广场，人头攒动，喧嚣如潮，起初并没引起我太大的兴致。论凯旋门，法国巴黎的凯旋门早已

❶ 作者运用比喻的修辞手法，把布鲁塞尔这个城市的风韵比作古色古香的老盆景，生动形象地写出布鲁塞尔的历史十分悠久。

掠尽风光；论广场，走过的几个城市——柏林、法兰克福、海牙、阿姆斯特丹几乎都有堪称壮阔典雅的广场，布鲁塞尔人显然习惯了美学意义上的景观移植，包括那喧闹的民间歌舞表演，我觉得更兼有中国社火的意味，这让我的行走，渐渐有了品茗的心境，也或多或少有把玩之趣。

❶ 作者用了拟人的修辞手法，赋予戒指人的情感和动作，通过“静悄悄地期待”和“轻微的呼吸”，能够看出作者内心对于遇见戒指的惊喜。

[1] 这枚戒指，她就这样来了，一如从大地冒出来，春天里萌芽的那种，在细碎的沙砾上静悄悄地期待着，我几乎能感受到她轻颤的翅翼和轻微的呼吸。在缓缓流动的人流中，真是让我难以置信。此刻，比利时特色的“社火”正在表演着。锣鼓喧天，热闹非凡。来自世界各地的游客都围着社火中的“恐龙”“怪兽”尽情地狂欢。欧洲的大小广场都铺有一层细柔的沙砾，恍如海滩，感觉像夏威夷的那种，足够让人忘乎所以。

有谁知道，沙砾中会有一枚精致的戒指呢？

不是我发现了她，纯粹是她闯入了我的眼帘——这枚大概是阿拉伯人遗失的戒指。或许，是一种默契。我心怦然，我无意用触摸戒指主人的不慎和焦虑来满足自己的好奇和得意，归根到底，我从来没有捡拾遗品的习惯。

但是，我惊奇地发现，在正午太阳的折射下，戒指金色的光芒像礼花一样绽放着，很美！这样的绽放由于角度的关系，戒指和我的眼睛构成了一条线段的两个端点，她的光芒和我的目光分明有一种融汇、重合的力量，不是谁的目光能够构成支流。她更像一只扇动着长长睫毛的眼睛，美丽的眼睛，迷人的眼睛，聪慧的眼睛。此刻，我是唯一走进她视野的一个男人，而且是万里之遥的亚洲男人。只能是唯一的，否则，就没有了她此刻的存在，她或许早已属于某个白人，黑人或者是棕色人。

我捡起了她，因为不是做贼，所以我大大方方捧在手心，并平举在阳光下，立时，①我的手掌变成了神奇的海市蜃楼，戒指成为下榻在皇宫里的公主，夏风为之环绕，阳光为之驻足。许多欧洲人的目光被吸引过来了，好奇的，惊喜的，羡慕的。我领教过这些眼光，那是在世界钻石之都——阿姆斯特丹，面对琳琅满目的钻石和钻戒，人们的目光像烙铁一样滚烫，置身其中，我感觉高温的酷暑提前来临。我忘了当时是怎样想的，反正一扬手，戒指像一颗不起眼的小石子，从我手中飞出，“扑”地一声击中远处的沙砾，翻了个个儿，蜷缩在了那里。②我突然就感到了意外，一是刚才那绽放的光芒瞬间消失得无影无踪；二是脱手的一刹那，我发现戒指上边镌刻有精美的阿拉伯文字。

很多人都不知所措地愣在那里，谁也没好意思去捡她。他们只是目睹了我扔掉戒指的全过程，我似乎就是这个故事全程的主人公，在我之前到底发生过什么，他们一无所知，包括我自己。我听见他们用英语或者法语嘟哝着什么，大概是“怎么会这样”的意思吧。

那一瞬间，我倒希望戒指的主人真的会从天而降，在喜极而泣中团圆，与我一起完成一个③拾金不昧的故事，这样的故事尽管平淡无奇，却也是最为理想的结局。

❶ 把这枚戒指比喻成皇宫里的公主，能够看出这枚戒指的精致和耀眼。

❷ 作者感到意外的原因有两个，一是戒指脱落的时候绽放的光芒消失了，二是戒指上面有阿拉伯文字，这两个排比句清楚交代了作者意外的原因，也使文章句式整齐。

❸ 意思是拾到钱财不藏起来据为己有，能够看出此时作者并不是想把戒指占为己有。

但我知道这是天真的臆想，这里是欧洲而不是阿拉伯，即便是在阿拉伯，掉到地球丛林中的陨石还能循着早已泯灭的轨迹回到浩森太空的故园吗？一如匆匆来到布鲁塞尔的我，岂止是一个过客？在目光的丛林里，我赶紧又把她捡了回来。万千人群中，我宁可相信和她的邂逅是一种偶然，而那镌刻在戒指上的我一点都看不懂的阿拉伯文字，迅速对接了我心灵深处最神圣、高洁、柔软、温热、崇敬的部位。阿拉伯在我的想象中，更多的是诞生在干净沙漠中的故事和传说，遥远如梦，近在心灵。我的心一下变得温暖起来，那一瞬间，我想到了上帝。

①她是在等我吗？我问自己，如果不是我，她在等谁呢？

❶ 作者通过两个问句，写出了自己内心的焦虑和纠结，一边想带走这枚戒指，一边纠结戒指是不是在等真正的主人，很好地表达了作者内心的纠结和疑虑。

有个阿拉伯的传说，记不得是谁讲给我的了。有个年轻人在朝圣的路上，捡到了一枚价值连城的戒指。这枚戒指本来会带给他吉祥和幸福的，遗憾的是他不再勤劳，每天守在路上等待第二枚、第三枚……等了一生，等来的是庄园的荒芜和日子的落寞。我当然不会指望第二枚戒指扑入我的视野，我的念想其实很单纯，她那绮丽的光芒和神秘的阿拉伯文字，只是在我这里有了归宿。

我把她带回了国内，好像是搁到了楼上书架的某个位置。在我从欧洲带回来的所有物品中，她是那么小，她的到来是那么轻而易举，后来几番调整藏书，全然忘记了戒指的事儿，这符合我粗疏的脾性。某次，外国语学院的一个教授来访，我突然想起戒指上的阿拉伯文字，于是决心把她找到，请教授翻译一下。结果找遍书房，折腾得我满头大汗，终未果。教授说：①“本来是很单纯的一件事儿，为什么非要搞清戒指上的内容呢？”

一想也是，从此告诫自己不再惦念，但每走进书房，感觉到处都是她的眼睛。

❶ 从教授说的这句话里能够看到教授乐观豁达的心境，也是因为教授的这句话启发了作者，便不再苦苦追寻戒指上的文字，而是把这段回忆放在心里。

延伸思考

1. 作者在布鲁塞尔的沙砾中看到了那枚戒指，但最初作者本无意去触摸这枚戒指，为何最后又忍不住捧在手心里仔细端详呢？

____

____

2. 文章中引用了一个阿拉伯的传说，从这个传说里，你有什么样的启示？

____

____

“马踏飞燕”为哪般

名师导读

“马踏飞燕”是我国一件精美绝伦的艺术品，因其俊美的姿态和灵动的奔腾姿势，成为中国旅游的标志，它代表着生生不息的生命力和一往无前的气势，那作者对这件艺术品有怎样的见解呢？让我们一同走进去领略一番。

---

❶ 在文章的开头之处，作者直接用反问句开头，形式非常新颖，不仅能激发读者的阅读兴趣，还直接引出了下文中对整个事件的描述。

[1] 难道仅仅是我年少的错吗？当年，我的心智中少了心领神会。

我指那件被世人视为国宝的东汉青铜工艺品，其造型是上下连体的一匹奔马和一只飞鸟。现代学者谓之“马踏飞燕”，文物专家谓之“铜奔马”。那时，它刚刚被确定为中国旅游的标志，一时驰名中外。

摸爬滚打在广袤的西部陇上，自然对马和鸟情有独钟，那是我骨子里的小情愫。只记得它以势不可当的惊艳扑面而来时，才发现是一张疯传的图片。首先是“马踏飞燕”这个名称先入为主地俘获了我审美的少年心性，它在踏与被踏、能与不能之间形成了逆转常识的强大魔力，让我在第一时间像傻子一样沉醉如泥。我全然未意识到自己对古老艺术的审美已经被顺手牵羊，所有的想象被绑架入库，可不是嘛，那只可怜的燕子，在冷酷无情的铁蹄下苦苦挣扎呢，都快死了。

尽管当时在我看来，好像的确并不是那么回事。这尊于1969年10月在甘肃省武威市雷台汉墓出土的宝贝，高34.5厘米，长45厘米，宽13厘米，重7.15千克。其中，① 矫健英武、雷霆万钧的奔马昂首长嘶，飞驰向前，其三足腾空，一足与飞燕的背部相连。而体端羽满、飘逸骁勇的飞燕，既在回眸长空，同时翅翼微敛，呈迅疾飞掠之状。两者似乎融为一体，的确又互不相干，构成了天上人间的一幅神奇画卷。

分明是，奔马目无一物，也并没把飞燕怎么样。

也分明是，飞燕自由如风，那姿态和表情，压根就没有惨遭蹂躏的意思。

再说了，这尊工艺品中既有马，也有燕，咋就偏偏取名“铜奔马”，你有啥权力把“铜飞燕”割离在外？还有，取名理应彰显个体属性，普天下铜制的奔马雕塑海了去了，哪有按类型取名的？这就好比给张三先生取名为“男人”，难道李四王五赵六先生就不是男人了？

但我不得不把困惑连同命名一起照单全收，该从众时且从众吧，据说命名也是经过千锤百炼的。② 我不是《皇帝的新装》中的那个小男孩，所以我也没有

❶ 这一段形态和外貌描写能够让读者更全面地了解到马踏飞燕这件艺术品的姿态，这个马的造型不同于平常的马，而是运用力学原理将马和飞燕作为支撑点，保持了画面的稳定平衡，却也突出了马的灵动非凡。

❷ 这里通过心理描写能够看出，作者从与众不同的视角产生疑虑，作者说自己不是《皇帝的新装》中的小男孩，也反映了要立足于现实。

勇气发出自己的声音："马，为啥要踏飞燕呢？"

聊以自慰的是，"马踏飞燕"铭文云："冀张君骑一匹，牵马奴一人。"汉时冀者，今老家天水甘谷县也，这让我内心平添了几分感动和柔情。汉时天水名将如云，如飞将军李广、营平侯赵充国、忠烈侯纪信、西域都护段会宗、安阳侯上官桀诸等，没承想还有一位有姓无名、踪迹无考的张将军。喟叹之余，想起王维诗："秦时明月汉时关，万里长征人未还。"

终于不再年少的时候，获知一个典故，说是汉武帝时，有个叫暴利长的罪犯被流放到陇上敦煌。某天，他在渥洼水边发现了一群野马，其中有一匹马长得神异非凡，①暴利长就用泥土塑了一个手持缰绳和笼头的假人立于水边。久而久之，野马对假人失去了警惕，暴利长便代替假人，乘野马不备将其拿下，献给了汉武帝。而嗜马如命的汉武帝也曾从卜卦中得到点化"神马当从西北来"，正好派人到乌孙去求神马。得到野马的汉武帝大喜过望，认为此马乃太一神灵所赐，于是赋诗一首《太一之歌》，这便是流传后世的《天马歌》："天马徕从西极，经万里兮归有德，承灵威兮降外国，涉流沙兮四夷服……"

始知，这便是著名的西极天马，也就是汗血宝马。

亦始知，这也是成语天马行空的来历。

关于汉武帝的那个段子，②《史记·大宛列传》算是说透了："得乌孙马好，名曰天马。及得大宛汗血马，益壮，更名为乌孙马曰西极。"魏人阮籍《咏怀》曰："天马出西北，由来从东道。"唐人王维在《送刘司直赴安

❶ 这一段的描写当中，作者详细地记叙了暴利长降伏这匹野马的整个过程，能够看出暴利长非常聪明，善于利用惯性思维来降伏野马。

❷ 作者在这里直接引用了《史记·大宛列传》《咏怀》《送刘司直赴安西》对汗血宝马的来历进行讲述，不仅使得文章的内容更加丰富，也彰显了作者的文笔和深厚的文学底蕴。

西》中亦曰："苜蓿随天马，蒲桃逐汉臣。"而唐诗人岑参的《送崔子还京》，让我直接与这件工艺品联系了起来，其诗云："匹马西从天外归，扬鞭只共鸟争飞。"

马与鸟，鸟与马。天马行空般的想象，想象般的天马行空。

一马当先，万马齐喑。作为古人开疆拓土的国防神器，马的意义绝对不亚于如今的火箭卫星、导弹航母。谁拥有力拔头筹的马，谁便拥有决胜千里的先机，所谓"想当年，金戈铁马，气吞万里如虎"是也。所谓马到成功，就是说马到了，你也便成功了。马是马，马也是神马，或者，马神。

天马行空，那是古人分享制空权的浪漫理想。一如人间的众多翘楚，被古人以神仙的名义安排在了天上，比如太上老君，比如后羿，比如嫦娥。他们可以腾云，也可以驾雾，还可以御狮行空。

换句话，假如有一尊仙女月夜御鹤的工艺品，你会命名为"美女踩鹤"吗？

有位考古专家告诉我："马蹄下的那只所谓飞燕，曾被考证成龙雀、飞燕骝、紫燕骝什么的。"而各路学者为了争夺命名的话语权，曾先后抛出"马踏飞燕""马超龙雀""马袭乌鸦""马踏飞隼""马掠雄鹰"等。专家要考古，学者要命名，随你吧。但在我看来，1700年前的东汉雕塑艺人，压根就不是你这般见识。选择鸟，绝不是被用来"超""袭""踏""掠"的。再延伸讲，鸟也不只是为了当马的底座，也不只是为了从力学意义上解决马的稳定性、动态感问题，所有的表意均在表外，而意，从来只可心领神会，不可以言传的。

套用唐人韩愈的话，便是：其真不知马也！其真不知鸟也！

作为旅游的标志，算是今人慧眼，可偏偏又弄巧成拙。一个“踏”字，粗暴地把人间旅游笼罩在惨烈、戾气之中。好端端的神奇，因之化为腐朽。

①什么是真正的旅游？那是把包括鸟儿在内的天地万物打包后典藏于内心，窖成大爱汤汤。那是神游八级和天人合一，是李白的“山从人面起，云旁马头生”，是孟郊的“春风得意马蹄疾，一日看尽长安花”，是岳飞的“好山好水看不足，马蹄催趁月明归”，是王禹偁的“马穿山径菊初黄，信马悠悠野兴长”，是……

②归根结底，旅游是亲朋好友天马行空之后，再掉转马头，各回各家。

我只能对鸟说：“鸟儿啊！你是马的天。”

还能说给谁呢？想象是神游的艺术，假如汉代艺术家在天有灵，并以旅游的名义来到当下，突然发现这件他们亲手打造的作品和今人的命名，其错愕之态，我无法想象，也止于想象。

在古人穿越而来之前，我一定会重新给它命名：天马行空。

尽管，我不过是在还原；也尽管，我说了不一定算。

❶ 作者采用一问一答的形式，写出了自己内心对旅游的看法，旅游应该是包括天地万物的自然景观，在欣赏之后，把对大自然的敬畏留在心底，这才是对旅游的大爱。

❷ 作者用一句通俗易懂的话对上文中什么是真正的旅游进行了归纳性的总结，也能让读者从中受到启示。

延伸思考

1. 作者认同“马踏飞燕”这件艺术品能够作为中国旅游的标志吗?

2. 在文中，作者为何直接套用唐人韩愈的原话“其真不知马也！其真不知鸟也”这句话?

诗人老乡其人

名师导读

“少小离家老大回，乡音无改鬓毛衰”，从这句诗里，不难看出故乡是一个人成长过程中情感的寄托地，可曾想到，有一位诗人他的笔名正是这两个字——老乡。在本文中，作者秦岭记叙了自己和诗人老乡之间的趣事，或许能够让我们走近诗人老乡，去感受这个为诗歌和传播中国文化奋斗一生的人。

除非你不是读书人，假如我以诗歌的名义介绍他的话。

很多人只闻其名未见其人——有位习惯了在笔记本上摘录他诗歌的学子问我：“老乡的有些诗歌，风萧萧易水寒的意思，人一定长得气吞山河吧？”

学子一定联想到了老乡曾经的革命军人身份，跃马边塞的那种。

我乐了。我不知道我的表情属于小说还是属于诗歌。怎么说呢？我内心暗自把老乡的外部样貌划入疑似类人猿的那种，而且还是类人猿中并不出色的一类：[1]眉骨高，颧骨凸，眼窝陷，下巴尖。个子也就一米六吧，还精瘦，还弯腰，还塌背，步态一摇三晃。十年前他客居津门时，早已谢顶，稀疏如蒿草般的余发被干旱的脑门逼到耳根，杂乱地晾晒在地埂一样的肩头。我想起他的诗《旱乡》："越是干旱的地方 / 风云人物 / 反而越多。"

❶ 作者在这里从自己的视角把老乡的外貌特征描写得十分具体，通过作者的描写，使读者更加了解老乡的外貌和体型，也反映出老乡的长相是不敢恭维的那种。

甘肃作家告诉我，兰州城的某夜，老乡拐进一家饭馆，[2]吓得女服务员花容失色，钻进老板怀里，直喊："救命啊——"

❷ 从侧面写出了老乡的长相非常奇特，女服务员看到老乡后的反应也再次印证了上文作者对老乡的外貌描写绝非胡言乱语，再次塑造了老乡的人物形象。

有次酒至半酣，我越发听不懂他叽哩哇啦的河南话，于是习惯性地陷入对他曾经革命军人和报务员身份的想象中：五十多年前，一位应征入伍的河南籍青年，远走南疆，又是持枪，又是报务，然后频频华丽转身，最终跨入甘肃《飞天》杂志——那英姿飒爽的人物，会是他吗？老乡突然开腔："秦岭，你说我长得俊吗？"

他的问题总让我始料未及，仿佛身处死胡同遭遇飞来的炮弹，你根本无处躲藏。

我别无选择，脱口而出："俊！真俊！！"

"哈哈哈……举杯，喝。"

于是又多喝了几杯茅台。我到底答对了还是答错了，他不给标准答案，答案只是一个字：喝。怎么会有答案呢？他在《一个被鹰追的人》中写道："在荒原我不愿谈论 / 一个真实的我 / 一旦谈起 / 荒原上的绿叶 / 将会骚动绿叶 / 鲜花挤疼鲜花。"

他的原名平铺直叙，曰：李学艺，誓把艺术学到底的意思。我尚不知是其父母的精心设计还是他自己励志而为。人间取“艺”字的人很多，比如同样的西北老乡张艺谋，把个“艺”字弄得老谋深算，煞费心机。李学艺的笔名更奇绝，奇绝到化有为无，没油没盐：老乡。老乡？你到底想当谁的老乡？你是否孤独到人人喊你老乡时，才能寻求到灵魂的慰藉和安静？

早在20世纪80年代我在老家甘肃天水时，就读过老乡的诗。作为诗人，他把诗歌经营得波澜壮阔；作为甘肃《飞天》杂志的编辑，他把中国诗坛搞得地动山摇。他的诗歌呈现中，那种无与伦比的形式创造，那种古典与时尚的机巧融合，那种黄河古道上特有的壮烈、悲情、隐忍与呐喊，那种义无反顾的坚守和毫不留情的颠覆，在不断还原着当代诗歌的尊严，拓展着文学精神的外延。多年来，他的诗集《老乡的诗》《野诗全集》《春魂》《被鹰追的人》如集束炸弹，让中外诗歌界频频把目光投向苍凉的陇上高原……

有一次，聊我的小说《摸蛋的男孩》《杀威棒》等。我担心他不明白，便主动解释：“所谓摸蛋，就是……”

“你不用给我上课，我摸过的蛋不比你少，至今手指上还有粪味儿。”

说着把手指头伸过来：“你闻闻。”

时过经年，岂有粪味儿？但我说：“有。”

“正确。”他不忘补充，“看来你骨子里也有诗歌的基因。”

“你为啥不把摸蛋的经历写出来？”

①“这味道熏了我几十年，却一直没有找到诗歌的

❶ 通过简短的对话和语言描写，能看出来好的文学作品一定是来源于生活，老乡提到“我”把摸蛋的经历写进了小说就能印证这一观点。

出口。没想到，你把它写成了小说。”

所谓摸蛋，就是在手指头上蘸了唾沫，伸进母鸡屁股眼儿判断产蛋的时辰，便于及时对母鸡实施控制，避免把蛋产进邻居家的院子里——这是供应制时代的旧事。经济落魄的时代，天下所有母鸡的屁股眼儿，休得安宁。

尘封的岁月一旦打开，他开始张牙舞爪地数落文坛，尽显出马一条枪的秉性。在他看来，① 相对古人，当下的一些所谓诗人学养储备不足，凭情绪写诗，把诗弄成了狗屁牢骚，诗歌成了怨妇的出气筒。当下不少写小说的好在语言上玩花哨，不懂中国古典文学的精髓和西方文学的思想根基，小说里通篇看不到中国文化的影子，越是不伦不类，越敢招摇过市……

❶ 从这一段老乡的吐槽中看，他对好的诗歌和小说是有认真思考过的，诗歌和小说不只是表达作者的情绪，更多的是传递中国文化。

“置身生活和体验生活绝对是两码事儿，有些作家从乡村走马观花一趟就敢写乡土小说，我真想吐。”他再次伸出手指头，“谁要没听说用它摸蛋，谁就没资格谈城乡二元结构，谈农村社会……鸡屁股眼儿里是有历史的，有现实的，有记忆的，有诗歌和小说的。”

摸蛋的岁月，俱往矣！所幸，他的宝贝女儿和女婿在天津搞得很发达，老夫妻住在天津一个叫梅江的高档小区，颐养天年，高枕无忧。可有次他却吟起自己的旧作：“在鹰眼里 / 我吃的是齐白石的虾 / 骑的是徐悲鸿的马 / 其实我骑的只是一头边塞的小毛驴 / 至于鲜味儿 / 无非是野火上烤熟的 / 几只蚂蚱。”

津门和陇上毕竟有别，比如喝酒。陇上是豪饮，津门是小酌。我在天津二十年，本属于高原的脾性被

❶ 作者用比喻的修辞手法，把老乡比作一只狡黠的老狐狸，这个比喻非常形象生动地写出了老乡在劝酒这一方面的本事，也反映出老乡的热情好客。

❷ 通过这个句子我们也能看出老乡虽外表其貌不扬，但是内心却非常坚定，对于诗歌，也有自己坚持的信仰，思想自由并不代表可以在诗歌上随意发挥，必须要符合纪律。

消解了不少，反而惧酒。有时老乡一个电话打来，我往往如坐针毡。① 他酒量不是太大，却有让对方尽兴的诸法儿，比如激将，比如埋汰诸等，到头来宾客烂醉如泥，唯他独醒，小眼睛忽眨，忽闭，如一只狡黠的老狐狸。

有次我和女诗人林雪同往，均微醺，脑子里灌满了他津津乐道的诗歌哲学、诗歌美学、诗歌社会学以及诗坛阳春白雪和下里巴人尖锐对立的凡俗逸事。凭窗远眺，世界只剩一片云烟，思想起凡尘俗世，竟不知今夕何夕，不由想起他的诗：“一路向西 / 天下的红地毯 // 已被各路英雄走尽。”

② “思想可以自由，但诗歌必须有纪律。”他说。

我把纪律听成了妓女。来不及细究，便稀里糊涂表示赞同：“哦，妓女。”

“你说啥？”他突然二目圆睁，举杯不动。

我重复了一遍。

“你……哦哦哦。我懂了，我是诗人的嘴，你是小说家的耳朵，也许，你那里一篇小说诞生了。”

老乡的夫人是天津籍，姓魏，当年支边甘肃时和老乡恋的爱。当初的小魏姑娘定当是艳若桃李、顾盼有致的缺物，至今风韵犹存。后来我才知道，她退休返津后在我负责的文联下属一支舞蹈队里当台柱子。那腰身，上了台便是春风杨柳，千条万条的意思。有人问老乡：“当年你咋追上嫂子的。”

老乡反问：“我先问你，啥叫追？”

对方顿时哑口。

老乡说:“人间就两种性别,一个服了一个的水土,那就变成了爱情。”

某次,他电话诚邀我和《天津文学》主编谭成健等人前往做客,事前郑重声明两点:一、这是一般性的小聚;二、不得辞谢。到场一看,暗吃一惊。只见楼下的宝马香车停成了长龙,各路宾客气度不凡,男士西装革履,女士衣袂飘飘。车队到了某五星级酒店,更是张灯结彩,恍如十七世纪的英国皇室宫殿。那天的他头戴彩纸叠的“皇冠”,基本就是吾皇万岁的架势了。他的女儿李小也郑重宣布:“今天,是我敬爱的老爸六十六岁大寿……”

“皇冠”下一张诗人的脸,平静,怪诞,还有点庄严。

现场议论纷纷:

①“如果他是美猴王,诗歌就是他的金箍棒。”“如果他是二郎神,诗歌就是他的哮天犬。”

❶ 从现场人们的议论当中,能够看到诗歌对于老乡的重要性,在老乡的生命中,诗歌已然成他最不可或缺的一部分。

有人小声预测:“如果他是……他……他有朝一日突然没了,他的诗歌,会是诗坛的催命鬼吗?”

老乡果然就没了,这是2017年7月10日的早晨,老乡在天津某医院安静地关闭了生命的诗行。弥留之际,有位天津女诗人含泪告诉他:“老师,我新写了一首诗,还想请您指点呢。”当时的老乡已经气若游丝,可他的目光愣是闪了一下,嘴唇豁开一丝缝儿,吐出三个字:“以后吧。”

这三个字,石破天惊。是诗歌的意象?还是小说的虚构。

在津门,我见多了作家死亡后的各种社会反映,

[1]可他的死，犹如这个盛夏的冰山之倾，彻骨了全国的诗坛。从全国各地跋山涉水赶来吊唁的人络绎不绝，有诗人，有学者，有编辑，有读者，其中有不少来自甘肃的诗人。有个天津土著感慨万千：“此刻的津门，疑似陇原。”

❶ 作者用比喻的修辞手法，把老乡的过世比喻成冰山之倾，形象生动地写出了对于整个文坛来说，这个事情的影响之大，也显示出老乡在文坛的地位。

灵堂前的挽联是：高情自成大境界，野诗恍若小昆仑。

有诗云：“然而，相隔数年 / 却是别一番情境——鹰也远去 / 又是空空荡荡的 / 空空荡荡的远天远地……”

当然是老乡写的，并非绝笔，但他已了无踪迹。

我婉拒了记者的采访，但我说了这样的话：[2]“今后当人们互称老乡时，假如有一种文化的警觉，那种力量来自诗歌。”

❷ 通过作者的这一番话，能够看出老乡和诗歌这两个字已经紧紧地绑在了一起，也体现了作者对老乡在诗歌造诣上的认可。

2017 年 7 月于诗人老乡津门追思会翌日

延伸思考

1. 请简述一下，在作者的眼里，老乡是一个什么样的人？

____

____

2. 在整篇文章里，作者表达了怎样的思想感情？

____

____

不能让“津味儿”成为林希的紧箍咒

名师导读

林希是“津味小说”的杰出代表人物，他的很多作品都被直接翻拍成了电影和电视剧，如众所周知的《买办之家》《蛐蛐四爷》《天津闲人》《高买》《醉月娘娘》等，正是这样一位文学家却遭受到了重口难调的批判，很多人把“津味儿”和林希紧紧地捆绑在一起。作者在此为林希正名。

在我看来，文坛对林希小说的研究分明是走样儿了，至少在研究的理念和方法上死钻牛角，人云亦云，以致造成林希在中国文坛的定位像是雾里看花，绰约不清。罪魁祸首之一，就是“津味儿”这个标签在林希小说浩繁的审美元素中喧宾夺主，人为框定、绑缚了受众对林希的认知路径和考察视角。小说百味，却被其中一味乱了嗅觉。

文学创作的历史经验和教训表明，对一个在创作上有较大格局或者大格局的作家硬性套上某种标签，并不完全是好事情。林希的《找饭辙》《买办之家》《蛐蛐四爷》《天津闲人》《相士无非子》《小的儿》《高买》《婢女春红》等大量小说如峰峦叠嶂、小桥流水，既能在体制和民间囊括高端奖项，又能在海外风靡于案头枕尾，此异数也！他的小说、话剧多以中国近代史的缩影——清末民初的天津为背景，精雕细刻地反映了中国一个时代的都市生活和风情。“津味儿”是其小说中一个鲜明的文学特征之一，恰是这个众口一词的“津味儿”，分明是对林希爱错了主向。①这就像当年小聪明的评论家非得给天津作家蒋子龙的城市工业题材冠以所谓“改革文学”，粗暴干涉和误判了小说格局，影响了小说丰富的历史反思和批判精神的传播。要说感情是相恋的唯一条件，恐怕鬼也不信，否则纷攘红尘中不会有那么多的劳燕分飞，同床异梦。

有意思的是，作为一个对全国文坛谱系或多或少有所了解的写作者，我发现天津人对“味儿”尤为刻意。我并不是研究天津文学的专家，但就我对中国文学的考察经验判断，②一位优秀作家的作品至少在审美理想、主旨抵达和精神提供层面是跨地域的，或者说与地域只是主食与调味品的关系。一方水土之味儿，与呈现一方水土之文学味儿固然骨头连着筋，但骨是骨，筋是筋，本质上不完全是一回事。地域是作者呈现内心的背景而不是文学本身，更不是文学的全部。比如“津味儿”，它不光是地理意义的“津味儿”，更大程度上是作者人文情怀和思想原则的“津味儿”。我在20世纪90年代初在甘肃天水生活时就阅读过天津作家的一

❶ 作者用类比的写法，把大家对林希的刻板印象“津味儿”和作家蒋子龙的城市工业题材作品被加上“改革文学”的帽子，导致小说的历史反思和批判精神都受到了影响，能从侧面看出这种做法的不良影响。

❷ 作者巧妙地运用比喻的修辞手法，把地域和审美理想、主旨抵达和精神提供层面之间的关系比喻成主食和调味品的关系。从这个比喻中不难看出，地域对于作家并没有决定性的关系，只是锦上添花，起修饰作用。

些作品，我看好林希作品中那种都市各色人等心灵博弈中弥足珍贵的道德考量，对世俗社会真诚与伪善的层层剥离与呈现，对特定历史时期众生相的精雕细刻，对文学传统的继承、注入和对文学精神的呵护、坚守，这是小说中最沁人心脾的、回肠荡气的“味儿”，[1]这“味儿”是跨区域、跨肤色、跨人种的，它饱满、硬朗、厚重、通彻、诗性、精微、贴切、锋利、鲜活、柔中带刚、兼容并蓄、腾挪有致，完全穿越了读者的心灵。要说味儿，首先是文学味儿，其次是民族味儿，再次是中国味儿。有这种味儿的作家，放眼全国文坛，到底能拎出多少，我不好妄言，但不是心中没有底数。

❶ 在这里，作者一连串地列举了很多具体的词语来形容“味儿”，能够看出作者细致的观察和思索，通过这些词语，也能很好地向读者阐明“味儿”这个词语丰富的外延意义。由此看出，其他人对林希的“津味儿”只是基于地域层面。

当这一切审美之后的之后，我们得遐思小说地域特征的时候，理所当然地会想到小说浓郁的另一种味儿——“津味儿”。林希的“津味儿”首先是林希的味道，然后才是天津的味道。这种味儿不是天津与生俱来的，而是林希个人对天津的赋予和呈现，此当一功，功莫大焉！可悲的是，学界对此味儿的研究偏偏掉了个儿，天津先之，林希后之，好比进得花园，你不是在赏花，而是在惊叹花下的泥土；好比夸一个女人，你不是咂品她骨子里的风情，却被双眼皮吸引；好比举杯邀月，你似乎忘了月在酒中，只顾把玩杯子……

这是众说纷纭的先天不足与短视，也是林希作为天津人的不幸。

时光荏苒，斗转星移。中国文坛早就清醒了，但许多专家对“津味儿”的研究反而闷混不明，有人甚至大包大揽地把作家在生活、题材、语言、叙事、叙述、表达方式以及掌握天津人生活常识的多寡作为是否具备“津味儿”的参照，这是一种怪诞的自找罪受。如果冯梦龙前辈循此法写《东周列国志》的“列国味儿”、罗贯中前辈循此法写《三国演义》的“魏蜀吴味儿”，那就很是搞笑了。老舍的《四世同堂》《茶馆》等部分作品有浓郁的“北京味儿”，但你如果用这顶绿帽子扣了他的全身，老人家会披头散发地从北京的太平湖里爬出来找你算账的。即便当下文坛，随便拎出一大堆儿经典作家的作品，都是很好的证明。莫言笔下《红高粱家族》中的高密，并没有完全依靠齐鲁大地的文脉遗风，而是借助于马尔克斯文学精神的动力和现代主义技法，洋为中用，把一个真实、生动、丰富的高密乡和盘托出，没有人会清浅地冠以“高密味儿”；陈忠实受俄罗斯文学和欧洲文学现实主义手法的滋养，在《白鹿原》中把关中农民的人间烟火描绘得淋漓尽致，没有人会草率地强加“关中味儿”。要我说，林希用林希之法真实描绘了文学的天津，那种难以效仿的排他性和独立性，让弥散其中的所有味儿都汇成了一个标志性的味儿，那就是“林希味儿”。同样的道理，沈从文之所以成为沈从文，汪曾祺之所以成为汪曾祺，完全因为他们在众香国里异香扑鼻。[1]大观园里，牡丹是牡丹，芍药是芍药，凌霄是凌霄，水仙是水仙，但大观园只是大观园。

史界考察中国近代史以天津近代史为样本，这是上帝赐予天津文学界丰厚的文学“乡土”，是天津作家之荣幸和庆幸。但是，当庞大的天津作家群都冲着地

❶ 作者虽只字未提文坛，但是用大观园里这个通俗易懂的现象来表明他自己对于文坛中众多文者的看法，大观园内不同花竞相开放来暗示林希之所以是林希就是因为他的特殊性，而不是“津味儿”。

理概念的“津味儿”而去，必然阵脚大乱，迷失方寸。7年前，我在《上海文学》发表过一篇反映天津生活的小说《碰瓷儿》，有专家爱怜地劝导我：“你把一帮依靠碰瓷儿坑蒙拐骗的天津混混儿写活了，但不够‘津味儿’。”这话自相矛盾到违背常识的地步。如果我用卡尔维诺、博尔赫斯之法描绘天津，是不是算张冠李戴呢？如果我用老家的秦腔演绎狗不理包子和天津大麻花，是不是偷梁换柱呢？旗袍穿在欧洲洋妞身上，你千万不要认为人家不够中国味儿，社火里掺和进芭蕾，你也不要嫌不够欧洲味儿。“味儿”是嘛？说了算的是舌头，不是眼睛。①形式和内容永远是对立的统一，非得在形式和内容之间画等号，那不是小说家的做派，那是泰国的人妖表演，越是风骚得一塌糊涂，越是公母可辨。

天津有句话倍哏儿，曰：“活鱼摔死卖。”意思是好东西人为折了价。林希自己在“林希味儿”和“津味儿”之间更倾向于哪种味儿，我管不着，但我相信，林希对孙悟空的第一印象，必然是七十二变而不是紧箍咒。研究者摘掉林希头上的“紧箍咒”，必然会有新的还原和发现。

②林希从20世纪30年代的民国一路走来，耄耋资厚，国内外研究者甚众，可他却乐呵呵嘱我这小晚辈作序，你说这算嘛味儿？

❶ 作者用对立和统一的关系来描述文章中形式和内容的关系，文章的形式和内容之间不一定是等号，但必定是相互支撑的，不应该只用形式去衡量内容，抛弃内容的形式也是形同虚设的。

❷ 在结尾之处，作者用了一种诙谐幽默的语气来总结全文，不难看出其中的讽刺之味。林希作为历经中华民国的文学者，其丰富的经历不应该被某个地域给固定化，结尾引人深思。

延伸思考

1. 对于林希和“津味儿”，作者是什么态度，对此你有什么看法？

____

____

2. 作者在文章中引用了冯梦龙的《东周列国志》、罗贯中的《三国演义》老舍的《四世同堂》《茶馆》，想说明什么？

____

____

★参考答案★

第一辑　风物浅吟

【云端上的村庄】

1. 不畏艰难；善良友好，待人热情（民风淳朴）；生活安逸祥和，有情趣；热爱故土，不忘本源（怀旧，不忘本）。

解析：本题是提取概括类的题目，首先要在审题后确定提取答案的范围，即在文章中寻找段落。然后从前向后精读文章，抓住其中切题的信息，将它们提取出来。最后根据这些语句组织成切题的合乎要求的答案。如可分析“几十名放学回家的小学生，像一长串贴在悬崖上的壁虎”“三三两两的村民有的在聊天，有的在下棋，有的主动和我打招呼，表情善良友好”咱自产的，不要钱，只要你们外边人常来做客就行”等句子，即可得出不畏艰难、待人热情、生活安逸祥和、热爱故土等答案。

2.（1）运用拟人、排比的修辞手法，生动形象地写出云端上的村庄高踞悬崖、若隐若现的特点，句式整齐，画面感强，引人遐想。

解析：“天，拎着村庄；村，踩着云端；云，罩着崖顶”明显运用了拟人、排比的修辞手法。答作用时除了答出生动形象地描写出云端上的村庄高踞悬崖、若隐若现的特点外，还要答出画面引人遐想及作者的赞叹之情。

（2）运用动作（细节）描写，写小学生攀崖而上的艰难，突出石阶窄、道路险，表现云端上的村庄海拔很高、出入不便。

解析：“手脚并用，一寸寸、一点点往上蹭，蹭，蹭……”运用了典型的动作描写的方法。答题时首先要点明描写人物的方法，然后在文中找到语句的位置，结合上下文情节内容，体会语句所表现的小学生攀崖的艰难和出入的不便。

3. 运用插叙手法，表现村民居住地位置高、环境险，与下文胜利村搬迁后的村容村貌形成对比，突出变化之大；丰富了文章的内容。

解析：考查记叙顺序。从“初闻”这个词语判断，这一段采用了插叙的手法，“初闻”即插叙的手法标志性的语言。从内容上看，表现村民居住地位置高、环境险，丰富了文章内容。从结构上看，照应下文，与下文胜利村搬迁后的村容村貌形成对比，进而突出了变化之大。这样分点来答，既使答案内容层次清晰，又使答案内容完整无缺。

4. 对云端上的村庄人过去艰难生活的概叹；对胜利村人现代幸福生活及美好未来的期盼；对悬崖上的村庄前辈生活的艰辛和历史的思考；对国家移民（异地搬迁、精准扶贫）政策结硕果的喜悦。

解析：考查语段的含意及作用。要考虑到语句在文章位置上的意义。语句正好是文章的结尾，所以就有收束全文，点明主旨的作用。要把文章所表达的中心答出来。即有对云端上的村庄人过去艰难生活的慨叹，有对胜利村人现代幸福生活及美好未来的期盼，还有对国家移民政策结硕果的喜悦。最少答出三点。

【观海庐】

1. 从这一段的表达中看，作者把自己关到观海庐，品尝着自己老家的美食，说明了作者内心对自己故土的无限怀念之情。

2. 作者在写到观海庐的时候曾用“谈笑有鸿儒，往来无白丁”来形容，说明作者非常享受和其他学者之间相互交流的过程，这种心与心的交换往往是现代化的互联网替代不了的。

【旗　袍】

1. 第一种是说旗袍源自满族旗人的长袍；第二种源自先秦两汉时代的深衣；第三种说是二十世纪二十年代满族旗服与西方时装联姻演化的结晶。作者比较倾向于最后一个观点。

2. 因为在结尾之处，作者置身于江南之中，想到了自己故乡的此情此景，不免引起了心里那抹乡愁，哪怕回想起来是一场梦，作者仍愿意沉迷在梦中，不愿醒来。

【一个城市的底气】

1. 天津这个城市的底气主要体现在既是现代化的大都市，又保留并传承了一些南北并蓄的传统文化信息，比如泥人张、风筝魏、砖刻刘、烙画葫芦、剪纸、灯笼、绒绢花、手工地毯等。

2. 从这段话就能看出，虽然天津已经在很大程度上保留了优秀的民间传统艺术，是全国优秀发扬基地，但是面对现代化的速度，天津的老物件只能在专门的民间工艺品市场中寻到，而其他地方则没有，很多传统文化和工艺正在慢慢消失。

【巴黎圣母院的鸟群】

1. 文章中的这两个细节能够看到虽然处于战争时期，但人们对教堂还是有着尊重和敬畏的心灵，也能反映出人们对自由和平等的向往。

2. 巴黎圣母院的鸟群是自由的，它们可以和人类自由和谐地相处，也不会对人类有害怕和逃避，生活在外面的鸟群往往是非常怕人的，这也能够反映出只有在巴黎圣母院的鸟才是真正自由的，而外面的鸟却只有被人主宰和支配。

【渭源是一口锅】

1. 在本文中，作者引用了一个例子来解释这句话，作者写到一位天津的朋友听到作者要去渭源就询问是“哪个渭？是渭河的渭吗？哪个源？是源头的源吗？”这句话给我们揭示了如果不是亲身去过定西是没有办法理解到渭源的重要性的。

2. 因为渭源不仅为一毛不拔的定西之地提供了水源，有了水源就有了树木，由此衍生了仰韶、马家窑、齐家“三大文化”，渭源带给定西以及黄河附近的人们生的希望，保证了人们的日常生活。

【寻找褐马鸡】

1. 褐马鸡濒临灭绝的根本原因是人类生活疆域的扩张和人为的猎杀，我认为面对这种情况，人类应该反省自己，不应该因为一己私欲就屠杀褐马鸡，人类要始终抱着敬畏自然，保护自然的心态。

2. 因为作者认为褐马鸡能够生存的地方已经很少了，而褐马鸡曾经被人类无辜猎杀，几乎无安身之地。作者觉得此时不应该再继续打扰褐马鸡而这就是最好的保护。

【和田古丽】

1. 和田古丽的美美在外貌，文中写到“白皙的肌肤和高高的鼻梁”可以看到古丽五官端正；和田古丽的美美在优雅和礼貌，文中写到“我”想给古丽拍一张照片，古丽拒绝的时候也是面带微笑。

2. 作者在文章中引用古典史诗《乌古斯可汗的传说》，能够直接描写出和田古丽们的美丽和大方的姿态，引用诗歌能够丰富文章的内容。

第二辑　故乡韵律

【清水麻鞋】

1. 听说清水麻鞋、见到清水麻鞋、寻找卖清水麻鞋的少年、获赠清水麻鞋。

解析：根据第③段“母亲说：‘你不晓得，人家那是清水麻鞋，多半是从清水那边捎来的。’”概括得出：听说清水麻鞋；根据第⑤段“在天水城求学时，我隔三岔五要蹭几趟新华书店。某天，突然发现书店一侧的土特产市场冒出了一家出售清水麻鞋的摊位”概括得出：见到清水麻鞋；根据第⑪段“麻鞋再好，似乎已成为过时的东西。我并没买麻鞋，但没忘打听当年那个少年。大姐说：‘连个名字都没有，咋找哩？那一茬人，都外出打工了。”概括得出：寻找卖清水麻鞋的少年；根据第⑭段“那天，他特意送我一双崭新的麻鞋。飞回天津的当天，我就穿上了清水麻鞋，一抬脚，却发现走进了岁月”概括得出：获赠清水麻鞋。

2. 文章引用杜甫的诗句及吉鸿昌用“清水麻鞋”作为武术大赛的奖品，意在表明清水麻鞋的历史悠久。

解析：本题考查对文本内容的理解。结合第⑤段“那一刻，我眼前的麻鞋似乎不是麻鞋了，而是蓄满远古哨音的鸽子，是写满文化符号的信笺，是充满五谷味道的炊烟”分析，把清水麻鞋比喻成“蓄满远古哨音的鸽子、写满文化符号的信笺、充满五谷味道的炊烟”，可知引用杜甫的诗句及吉鸿昌用“清水麻鞋”作为武术大赛的奖品，意在表明清水麻鞋的历史悠久。

3. ①交代了文章叙事的线索——麻鞋；②为全文奠定了情感基调；③“该是另一番样子吧”一句激发读者的阅读兴趣；④呼应文章标题。

解析：本题考查段落作用。结合“一直想脚穿麻鞋”可知，交代了文章叙事的线索——麻鞋；同时呼应文章标题“清水麻鞋”；结合“与时光一起走走”分析，为全文奠定了情感基调，表明文中内容充满了温馨的回忆；结合“该是另一番样子吧”分析，一句激发读者的阅读兴趣，引起下文。

4. 语段中加点的词语，是对编麻鞋的大姐们的动作描写，这一系列的动作，准确、生动地写出了编麻鞋的大姐们编织麻鞋时动作的娴熟，配合的默契。这是对“我”看到麻鞋编织场面时的心理描写，使用了拟人的修辞手法，赋予麻鞋以人的情状，生动形象地写出了“我”对麻鞋的亲切感。

解析：（1）本题考查赏析词语的表达效果。结合“盘扎、穿扎、缠扎、搓扎、勾扎”等一系列动词分析，这是对编麻鞋的大姐们的动作描写，准确、生动地写出了编麻鞋的大姐们编织麻鞋时动作的娴熟。结合“县城的一家店铺里，几位正在编麻鞋的大姐配合默契”分析，写出编麻鞋的大姐们配合的默契。

（2）本题考查赏析句子。结合“柜台上的一摞摞成品麻鞋，分明对我发出久违的呼唤”分析，这是对“我”看到麻鞋编织场面时的心理描写，“对我发出久违的呼唤”把“麻鞋”人格化，赋予麻鞋以人的情状，生动形象地写出了“我”对麻鞋的亲切感。表达了“我”对麻鞋喜爱之情。

5. 因为“我”已习惯了用皮鞋迎合流行与时尚，在“我”看来，麻鞋似乎已成为过时的东西。

解析：本题考查对文本内容的把握。根据第⑪段“可是，时过经年，我已习惯了用皮鞋迎合流行与时尚。麻鞋再好，似乎已成为过时的东西”可知，原因是：因为“我”已习惯了用皮鞋迎合流行与时尚，在“我”看来，麻鞋似乎已成为过时的东西。

6. 表面含义：“我”穿上了卖麻鞋的少年送给“我”的清水麻鞋，回到了天津；深层含义：①卖麻鞋的少年送给了“我”一双麻鞋，弥补了少时送不起“我”麻鞋的缺憾；②“我”终于穿上了清水麻鞋，满足了“我”对清水麻鞋的欣羡之情。

解析：根据第⑩段“那天，他特意送我一双崭新的麻鞋。飞回天津的当天，我就穿上了清水麻鞋”分析可知，表面含义是：“我”穿上了卖麻鞋的少年送给“我”的清水麻鞋，回到了天津。

结合第⑨段“少年蹲下身子，不厌其烦地帮我试穿了至少五六双麻鞋。一问价钱，每双四元，我顿时窘红了脸。这价钱在当年至少可以买三部小说。为表示歉意，我主动把新买的一本书借给他”分析，深层含义是：卖麻鞋的少年送给了“我”一双麻鞋，弥补了少时送不起“我”麻鞋的缺憾；结合第①段“一直想脚穿麻鞋，与时光一起走走。那脚印，该是另一番样子吧”分析，深层含义是：“我”终于穿上了清水麻鞋，满足了“我”对清水麻鞋的欣羡之情。

【麦积烟雨】

1. 作者认为麦积山的由来是因为 “奔”这个字在老家有另一种意思即为奔头，是过日子，过日子就要看麦垛高不高。

2. 通过师者和“我”的对话，能够看到，作者把学生们比作麦粒儿，而他们的麦场就是学校，知识就是雨露，只有认真学习，才能最后茁壮成长，将来有一番作为。

【澎湖湾的外婆】

1. 在本文中，作者首先写了外婆居住的村落和家中的亲戚，围绕着外婆，写了自己跟着小舅舅们一起玩，喊着外婆大名被外婆追着打的事情，也写到了外婆用书来让“我”停止搞破坏的事情。

2. 首先作者表达了自己对外婆无限的思念和怀念之情，在文章中作者不止引用到了《外婆的澎湖湾》里面的歌词，能够看出思念之情，同时作者还表达了自己无法报答外婆的遗憾之情，在文中写到自己都没有机会给她送拐杖。

【仙人送灯】

1. 从内容上：引用大量的典故和传说，丰富了文章的内容，使得文章内容更加充实，饱满。从论证上：作者借用典故和传说来支撑自己的观点，让文章更加具有真实性。从作用上：这些典故和传说使仙人崖和仙人指路更为神秘。

2. 无论是仙人指路还是老婆婆的故事，都是希望通过故事来启发和引领后人，而老婆婆的故事也能鼓励更多年轻人努力学习。

【石门夜月】

1. 外爷祖上是书香门庭，外爷的祖父和哥哥都遭遇到了不测，等到外爷去寻时，遇到了一位道士，道士同情外爷的遭遇，随即赠送了《石门夜月图》。

2. 因为石门和作者的外爷有着千丝万缕的关系，而此时已经物是人非，作者每次探访故乡，都是对亲人怀念，石门有着太多难忘的回忆，作者害怕触及而伤心。

【南山古柏】

1. 从这句话中，可以看出古人对古柏树是非常敬重的，也是非常尊重的，会把古柏树当成自己的情感寄托。

2. 外爷非常博学，作者写到外爷读了很多书；外爷也是非常爱惜书，文章中写到因为“破四旧”，书被烧了，外爷非常难受；外爷还是一个有着自己见解的人，外爷认为古柏树应该相当于“老子时代”。

【秦亭听雨】

1. 从作者的这句话中可以看到在清水这个地方孕育出了非常多的

文人雅士，在这片大地上创造了很多不同的文化。

2. 因为大秦帝国的鼎盛是由秦始皇开创的，开创之时秦始皇率领众人冲出天水，跨越关山，入主关东，在那之后秦始皇开始了暴政，独断专行，使得天下生灵涂炭。

【大地湾的声音】

1. 大地湾文化上开中原仰韶文化之先河，下启陇上马家窑、齐家文化之滥觞，有着最早的旱作农作物标本、彩陶、文字雏形、宫殿式建筑、“混凝土”地面、绘画等。

2. 在这个句子中，作者写到了随着大地湾文化的开采和开发，能够帮助人们了解更多的文化，但与此同时也带来了不同程度的破坏。

第三辑　妙趣山水

【烟铺樱桃】

1. ①网络图片中看到樱花花卉；②樱桃的甜和苦菜的酸都在肚里；③能让你找到穿越时空的力量。

解析：本题考查学生对文段的概括能力。第④段从“我的目光只能通过网络图片在烟铺徜徉”可知，主要描写的是作者通过网络看待的樱花照片。第⑤段和第⑥段中“樱桃的甜和苦菜的酸”可知，这两段描写的樱桃和苦菜的味道，这些味道融合在平常的日子中。第⑦段描写的是烟铺村的历史。第⑧段开头有“人间还有哪里的樱桃，能让你找到穿越时空的力量”一句，该句是过渡句，有承上启下的作用，通过这句话可知这两段写的是家乡的樱桃有让人穿越时空的力量。

2. 使用了比喻、设问的修辞手法。先用比喻生动形象写出了烟铺樱桃花的壮阔蜿蜒，然后用设问引发读者的思考，引起下文由花海的浩瀚联想到浩瀚无边的人间烟火，联想到自己的家乡。

解析：认真阅读画线的句子，分析其使用的修辞手法。首先将“山梁”比作“岛礁”，将“曲径”比作“龙蛇”，生动形象地描写出花海的波澜壮阔和蜿蜒曲折。而“这是烟铺的樱桃花海吗？它分明是浩渺无边的人间烟火，轻轻的，漠漠的，漾来漾去，漾出一个烟铺，一道罗玉沟”一句，自问自答，运用了设问的修辞手法，设问手法在吸引读者阅读兴趣的同时，还会引发读者对文本内容的思考，将作者的思绪从花海迁移到思乡之情上，引出作者家乡——罗玉沟。

3. 结构上：用“首尾呼应”照应开头所写的收到来自故乡的特产；

内容上：用“烟铺樱花的芬芳”写出了故乡的气息；

情感上：总结全文，表达了作者对故乡的思念之情。

解析：本题考查重要语段的作用。答题时可以从文本结构和内容方面考虑，再分析作者的情感。在结构上，作者在结尾处再次写到友人邮寄的樱桃，与开头收到樱桃互相照应，结构更加紧凑完整。在内容上，作者提到了“一定要闻到味儿”，这里的“味儿”不仅仅是樱桃的甜味，更是家乡的“味儿”，由此表达出作者对家乡的思乡之情。

4. AD

解析：选项A不正确。文段中“人间最是有滋味的东西，往往只可意会的，意会比言传要可靠些”，这里的“滋味”不是单纯的樱桃味，而是作者对家乡那份真挚的感情。第③段开头有“味道好像不一样，但一时说不出来”，这里的不一样说的就是作者的思想之情。

选项D不正确，第⑤段中有“苦菜，如今是物质社会里诗意盎然的一种生活调剂，但它的本质容颜，却是清苦岁月的全程记录”，“苦菜”的确是见证了清苦的岁月，但作者对“苦菜”是生活的调剂进行否定。所以该选项是错误的。

【烟雨崆峒道谁知】

1. 从整篇文章的记叙中，可以看到崆峒山的美就美在烟雨之中，因为有了烟雨，崆峒山才显得更有韵味，作者在烟雨中去寻觅道，而道仿佛就像缥缈的烟雨般无迹可寻。

2. 因为大家在返航时，只是想迫切地赶往下一个目的地，认为飞机返航落地西安延误了时间，而作者则是有更多时间能再看一看这壮美的山河。

【渭河是一碗汤】

1. 从这句话中能够看到渭河对于甘肃、陕西的农民来说，就是母亲河，农民们的生活和耕耘都离不开渭河。

2. 这些文化之所以能够在甘肃渭源等地区发展和壮大，主要依靠这里有着生命，而生命的来源则是水。

【走进火山群】

1. 从作者记叙的这个事件中，可以看到护林者的朋友在上坟时虽是不小心引燃了幼树苗，但也得到了应有的惩罚，也启示我们在祭祖的时候要注意保护生态，不要引起森林火灾。

2. 作者写到，恐龙的灭绝是因为气候变迁而引起的灾难，而绿色树木消亡的背后，却是很多人过度开采和过度砍伐导致的。面对自然环境，人类要对其进行保护。

【长城的样子】

1. 作者眼里的长城是保留着历史的变迁，保留着时光的沧桑之后的长城，就如作者这句话说“长城分明就是一件未曾雕饰、装扮的老物件”。应该保留着原始的面貌。

2. 作者在这句话里说明了自己眼里的长城本就是记录着历史和其中的文化的代表，而长城上那些破旧的石堆，支离破碎的墙壁就是最好的见证，它应该被保留下来，才能让更多的人铭记。

【回望韩城】

1. 从这段话里，能够看出，随着现代化发展越来越迅速，很多承载着历史文化古迹的新村都被改头换面了，门面的装饰越来越华丽，但却舍弃了原本的文化底蕴。

2. 作者引用李白和王之涣的诗句是想说明，虽然这两位的故乡不是一个地方，但是对于黄河的描写却是极为相似的，说明家园这个情感寄托的影响之大。

【乌兰察那个布】

1. 听到远处悠扬的马头琴声，作者心里难掩思乡之情，而且通过李广含恨而死，魂归故里的故事，可以看出此时作者心里定然是百般难受，就用故乡特色的秦腔来发泄思乡之情。

2. 最后一段“我”的笑是非常复杂的，这其中包括“我”思念故乡却无法身处故乡之中的苦笑，还包括最后释然的笑，虽让人想到故乡，却无法成为故乡，这里只是乌兰察布。

【大地的血管】

1. 首先，秦岭处于山脉地区，地形崎岖，内部结构复杂，施工的难度大；其次，在当时的技术条件下施工难度也是非常大的，以前从未有过；最后，隧洞面临长距离通风、涌水、岩爆、高温、地热等世界级难题。

2. 因为水资源是人类生存中最基本的需求，如果不解决水资源的稀缺问题，人类将面临死亡。

3. 能够看出那位女士不懂得水资源的珍贵，大家应该节约用水，一水多用，避免造成水资源浪费。

【遥远的马边】

1. 桃花源和马边的地势都比较封闭，马边周围有天然界山，而桃花源也是与世隔绝之地，人们的生活都很怡然自乐，不同之处是马边已经有公路正在规划中，而桃花源则是不对外开放的。

2. 因为在作者的眼里，马边的人们生活得安然自得，民风也非常的淳朴，是没有被世俗沾染过的地方，作者想保持这一份纯净。

【高高的蓑衣岭】

1. 可 5 米开外天地不见，唯有巨兽般呼啸的山风，嗖嗖的，夹带着初夏渐暖时节罕有的、刀子般的彻寒和肃杀；在蓑衣岭停留不到半小时，我已浑身尽湿；威尔逊登大瓦山时，专门带上了两只猎狗，可猎狗被万仞悬崖吓得“汪汪”直叫。

2. 虽然说地势十分险峻，自然条件也特别恶劣，但是，为了促进当地发展和加强各地的交流，在艰苦的条件下修建“天路”，能够看出作者对当时人们充满了钦佩之情。

【广安石诗话】

1. 从作者写到自己身份的转变能够看出，作者常年游历四方已经远离了这个故乡，提到故乡洋芋的做法，能够看出作者虽身处异乡，但是内心还是对家乡有怀念之情。

2. 文章中的石头虽然外表非常普通，但是这块最大的石头出现在四川省广安市，这个地方正是我国伟大的革命家邓小平的家乡，吸引到众人的也是代表着开创和改革精神的“石头”。

第四辑　人文回眸

【日子里的黄河】

1. ①黄河作为母亲河，哺育了一代又一代炎黄儿女；②黄河文化所代表的农耕文明对中华民族的民族精神产生了潜移默化的影响。

解析：本题考查学生对关键词语的理解以及赏析语言的能力。“其实，咱和黄河天天见哩，咱都是女娲蘸着黄河水抟着黄土造出来的，都是黄河的娃哩。”这句话说明我们和黄河之间有着密不可分的联系，黄河是中国的母亲河，养育了我们众多华夏子孙。第⑨段中“黄河流域的气候、土壤与地貌，体现了农耕文明更多的特征”，可以看出黄河对中华文化文明有着深远的影响。“‘河东河北’密不透风的高粱，既给黄河儿女以‘日子’，同时也为黄河儿女抗击外来侵略提供了天然屏障。‘黄河在咆哮’，那是对敌人的怒吼，也是对儿女的召唤。”从中可以看出华夏儿女抵抗外来侵略的民族精神是黄河赐予我们的本性。

2. 运用排比、比喻、拟人等修辞手法，突出了黄河作为中华文明发祥地的重要意义，展现了黄河慈母般的胸怀与深情，表达了作者对黄河由衷的赞美与深深的眷恋。

解析：本题考查学生对修辞手法的运用。第④段中有“黄河的文化源头早已超越了地理意义上的故乡——青藏高原巴颜喀拉山北麓的约古宗列盆地，超越了天下黄河“九十九道弯”的文化空间，同样超越了黄河五千四百六十四公里身长所辐射的疆域”，连续用了多个“超越了……”，可知运用了排比手法，凸显了黄河文化对华夏的影响；

段中的“耐心和胸襟”“拥揽”“怀抱”这些词语，可以看出使用了拟人手法。“黄河用上百万年的耐心和胸襟，轻轻拥揽了西北、中原、华北几十万平方公里的土地之后，苍生尽在她温情的怀抱里”这句中，将黄河比作一位温情的母亲，运用比喻的修辞手法。比喻和拟人的修辞手法，体现出黄河对华夏儿女的辛勤哺育，也表达出作者对黄河的赞美。

3. ①艺术作品的多样性展现了先民丰富多彩的生活方式和高超的艺术才能，也是灿烂辉煌的黄河文化的一个缩影，表现了作者的骄傲和自豪。②引出下文有关保卫黄河的思考和议论。

解析：本题考查学生对文章主旨的理解。作者在第⑧段中列出很多艺术品，目的是为了体现自身的民族自豪感。如此数量的艺术品，不仅仅是先人们智慧和文化的表现，更凸显了黄河流域文明的博大。同时为下文描写我们保护黄河、维护黄河文化做了铺垫。

4. ①普通百姓的日常生活离不开黄河水的滋养，表现了黄河儿女对黄河的崇拜与依恋。②先民丰富多彩的生活方式展现了黄河文明的博大，抒发了作者对黄河的赞美和歌颂。③我们当今的生产生活方式严重破坏了黄河的生态，表达了作者对此现状的痛心和忧虑。

解析：本题考查学生对作品的解读能力。文章结尾句往往是主旨的升华。通过文中的“黄河对人类精神的浸润和人类心灵对黄河心悦诚服的接纳”，可以看到华夏儿女们对母亲河的崇拜之情。文本第⑧段到第⑨段列举了黄河流域丰富多彩的文化艺术，凸显了黄河文化底蕴的深厚和博大，也彰显了先人们的智慧，表达了作者对黄河的无比崇拜之情。从第⑩段到结束，表达的都是现代文明对黄河自然生态的破坏，这些破坏行为值得我们深思。

【滇东的香火】

1. 通过写到视频中的成人礼，也证实了滇东地区保留了传统文化中的习俗，这个传统最早可以追溯到孔孟时期，能够看出对我国传统文化的继承和弘扬。

2. 文章中结尾之处和开头处相互呼应，都提到了三支香，但实际并非局限于香火，而是通过这种方式来记录传统文化的魅力。

【塔克拉玛干的蜥蜴】

1. 在文章的最后一段，作者运用以小见大的写法，以日常生活场景和对话来结尾，写出了默默无闻石油人做出的贡献之大，而大家却连燃气从哪里来都不知道，更能引起读者的反思。

2. 虽然本文的描写对象看似是塔克拉玛干的蜥蜴，实则是石油人的艰辛，以蜥蜴生活之艰难来写石油人的默默奉献精神。

3. 在这篇文章里，作者对石油人充满敬畏和尊重之情，石油人世世代代奋战在这一片沙漠之上，为保障人们的日常生活做贡献，应该值得更多人尊敬。

【我在天津过大年】

1. 在这篇文章中，作者记叙了天津地区非常有特色的年俗，也对天津和故乡天水的年俗进行了对比，从作者的笔下能够看到对故乡和故土的思念之情。

2. 作者刚来天津的时候，对周围的生活环境并不熟悉，所以当时内心非常孤独，觉得是“独在异乡为异客”。作者久居天津，有了自己的家庭之后，把天津当成第二个故乡，能够感受到作者心里有温暖，有依靠，找到了另一个情感寄托。

【远去的眼泪】

1. 开头写到的泪是金教授的眼泪，是金教授面对友人分别时的不舍以及自责没有太多时间陪伴的愧疚，而结尾写到的眼泪，则是“我”看到故土时激动和对故乡眷恋的泪。

2. 金教授是一位正直善良，处处为他人着想的学者。在文章中，作者只是出于礼节性的回应，比如文章中写到“我”对金教授的邀约是出于习惯性的客气，而金教授却是发自内心的感激，都可以体现。

【一枚戒指在布鲁塞尔等我】

1. 在一开始，作者并不打算拾人遗物，但是，当阳光折射到戒指上的时候，作者的目光和戒指的光芒融合在一起了，作者仿佛一下子读懂了这枚戒指，便拿起仔细看了看。

2. 作者再文中插入了一段阿拉伯的传说，通过这个传说，告诫人们不要只想着不劳而获，这个传说里的阿拉伯的年轻人就因抱着不劳而获的心态碌碌无为了一生，财富要靠双手自己创造。

【“马踏飞燕”为哪般】

1. 作者并不认同“马踏飞燕”能够作为旅游的标志，在作者的认知里，马和飞燕并不冲突，飞燕也不应该被“踏”。旅游应该是包揽万物的，旅游也不该是暴力的。

2. 作者套用韩愈的话，是用来印证上文自己认为马蹄下的鸟，不是被用来“超”“袭”“踏”“掠”的，也不只是为了当马的底座这一观点。

【诗人老乡其人】

1. 从外貌上看：老乡是一个个头不高，弯腰塌背，眉骨和颧骨凸出，但眼窝下陷，外表并不突出的人；从内在看，作者认为老乡对诗歌是有追求和信仰的，有自己的原则。

2. 整篇文章都是围绕着老乡来展开叙述的，能够看出作者对老乡的无限怀念之情，与此同时也突出作者对老乡在诗歌成就上的赞扬和认可。

【不能让“津味儿”成为林希的紧箍咒】

1. 作者非常反对把林希和“津味儿”联系在一起，作者认为林希不应该被“津味儿”固定化，每一个作者都应该是用自己的独特和文章来打动读者，而不是一种地域限制。

2. 作者通过列举出具体的文学作品和作者，是想说明，如果一部作品被贴上了标签，那将失去作为文学作品的鉴赏性和丰富的文学内容，引用具体文章更有真实性。

— 中高考热点作家 —

中考热点作家

序号	作者	作品
1	蒋建伟	水墨色的麦浪
2	刘成章	安塞腰鼓
3	彭　程	招　手
4	秦　岭	从时光里归来
5	沈俊峰	让时光朴素
6	杜卫东	明天不封阳台
7	王若冰	山水课
8	杨文丰	自然课堂——科学视角与绿色之美
9	张行健	阳光切入麦穗
10	张庆和	峭壁上，那棵酸枣树

高考热点作家

序号	作者	作品
1	王剑冰	绝版的周庄
2	高亚平	躲在季节里的村庄
3	乔忠延	春色第一枝
4	王必胜	写好你心中的风景
5	薛林荣	西魏的微笑
6	杨海蒂	北面山河
7	杨献平	人生如梦，有爱同行
8	朱　鸿	辋川尚静